ABOUT TIBET
THE STORY OF RELIGIOUS

宗教的故事

讲述西藏

王丕君 主编

华文出版社
SINO-CULTURE PRESS

图书在版编目（CIP）数据

讲述西藏.宗教的故事/王丕君主编.--北京：
华文出版社，2017.9
ISBN 978-7-5075-4564-7

Ⅰ.①讲… Ⅱ.①王… Ⅲ.①西藏—概况②宗教—介

绍—西藏 Ⅳ.①K927.5②B929.2

中国版本图书馆CIP数据核字(2017)第156808号

书　　名：	讲述西藏·宗教的故事
标准书号：	ISBN 978-7-5075-4564-7
责任编辑：	宋军占　钟卫芳　雷平
出版发行：	华文出版社
社　　址：	北京市西城区广外大街305号8区2号楼
邮政编码：	100055
网　　址：	http://www.hwcbs.com.cn
投稿信箱：	songjunzhan@sina.com
电　　话：	编辑部：010-58336192　总编室：010-58336239　发行部：010-58336270
经　　销：	新华书店
印　　刷：	北京画中画印刷有限公司
开　　本：	787×1092　1/16
印　　张：	13
字　　数：	172.5千字
版　　次：	2018年1月第1版
印　　次：	2018年1月第1次印刷
定　　价：	56.00元

版权所有，侵权必究

编审委员会

主　编：王丕君

副主编：张晓明　孙良刚　李红强

编写人员（按姓氏笔画为序）：

　　　　马　恺　　王梦璐　　冯登宁　　闫　洁

　　　　张　敏　　吴建颖　　范登科　　郭明慧

　　　　翟新颖

出版前言

《讲述西藏》丛书出版之际，正值中国改革开放四十周年，这套书展示了西藏和平解放以来，尤其是改革开放以来，在党和国家的关心、帮助和全国各族人民的共同支援下，经过共同奋斗，西藏社会各方面发生的翻天覆地的变化。丛书图文并茂，以点带面，综合运用了历史档案、文献记录、现场访谈等手法，对事件、地点、人物、器具等进行了白描式展示，全方位、多角度、立体化地展示了西藏社会在经济发展、社会建设、百姓生活、宗教信仰、文化传承、生态与环境保护等方面所发生的深刻变化。

丛书的出版，有助于海内外读者更加全面、深入、系统地了解真实、客观、原本的西藏。西藏的命运始终与中华民族的命运紧密相连，西藏的变化始终与伟大祖国的发展紧密相随。相信西藏的明天会更加美好！

谨以此书献给改革开放四十周年。

序言一

讲述西藏的好书

苏叔阳

西藏是伟大祖国的固有领土不可分割的一部分；勤劳质朴的藏族同胞是伟大中华民族各支系的兄弟姐妹，但西藏的历史变迁，文明的特色和发展，以及今日的生活状况、发展前景许多国内同胞并不太了解。随着青藏铁路的通车、民航航线的拓展和旅游事业的迅速发展，特别是祖国各发达地区，与西藏地区工农业、教育事业的对口支援、合作，使蒙在西藏脸上薄薄的神秘面纱随风而去。她高远蓝天、袅袅白云、巍峨大山、青碧圣湖，和那随处可见的飘扬的经幡，以及庄严质朴的佛祖的信众，会让你觉得出乎意料的美丽：古老的庄严静谧和现代繁盛与活泼结合得那样巧妙而有活力，让西方一些政客及十四世达赖喇嘛的呓语，许多都变成了痴人说梦。

解释这一切的最好办法有两个：一是出版一套通俗而又严谨的读物，把过去，现在，将来，通过各色人等——过去的贵族、农奴、现在的僧侣、平民、农民、牧民、中外记者、旅游家、历史学家等等，实话实说，以真实可信的数字衬底；不信？请来旅游。眼见为实。这是第二个好办法。西方客人来了，有正经的好咖啡，想品品藏人好喝的甜茶吗？请君在蓝天白云下，青青湖水旁，饮甜茶，思爱侣，神飞海角天涯。假如此时再有优雅的诵经声，和庄严的钟声在轻风中传来，您也许会有晶莹的泪滴挂上睫毛。真的，此时一切惑人的

慷慨激昂的演说，就失去了效果。或者这会勾起您想一探究竟的愿望，那我向您推荐此书。读了此书，您会长出一口气，叹曰："原来如此！"

西藏和藏胞质朴又可爱。她文明的独特美就在于文明的多元而同一。这一套书，有人物经历，有理论解说，有历史演变，深浅皆有，真实可信，是一套好书。力劝大家，尽可能读读此书，乃至多读几遍，您一定会有巨大的收获和因此带来的欣喜！

谨以此为序。

2015年8月15日
日寇宣布无条件投降70周年
于京华窘斋

序言二

今天的故事就是明天的历史

清华大学国际传播研究中心主任　博士生导师　李希光

翻开《讲述西藏》这套丛书，让我想到8年前我在西藏的一段故事。

在八廓街一个转角处的黄房子的屋顶上，我和我的20名学生挤在长条木凳上聆听英国历史学者杨明皓（Miles Young）先生讲课。我和杨明皓创建并共同主讲"大篷车课堂"有十几年了，他最近被任命为牛津大学新学院候任院长。

这一次西藏之行是在2007年春，杨明皓的课是我们到达拉萨的第一堂课。他上来就问："谁能回答，我为什么要让你们读那本书(《西藏七年》)？"这座叫玛吉阿米的黄房子据说是六世达赖和美丽少女相遇的地方，伴着金色夕阳下的布达拉宫和手中热腾腾的酥油茶，学生们努力思考着杨的问题，尽管他们在北京到拉萨的火车上一直在阅读这本书并完成了读后感，但这个"为什么"难住了他们。

一个男生打破了沉寂："我们过去看到的西藏新闻报道和信息都是正面的，这本书让我们了解到西藏负面的东西。"另一个学生说："这本书包含了西藏生活的方方面面，作者并没有只写正面的东西，他也展示了许多负面的东西。"这时，一个叫海伦的学生说道："我感到作者在讨好贵族。他把大部分时间花在跟贵族交朋友和参加各种宴会上了。这就是我的结论。"

杨明皓说:"这是一个很好的结论。这本书中有些东西并不像表面看上去那么简单。我为什么要让你们读这本书?我想要锻炼你们的大脑,因为你们的大脑是一块肌肉,跟你们身体里其他的肌肉一样。你们的读后感可以分成两类:一类数量多一些,一类数量少一些。第一类读者我称作对书的'直观反应',与之相反的读者就是对书的批判性反应。第一类读者趋向于表面,比较肤浅;第二类读者就深入得多。我想告诉你们的是,你们写文章太快了、太冲动,不花时间思考。如果用一种更具分析性的方式看待这本书,你们就会开始问问题:作者的想法是从哪儿来的?他的角度是什么?真正的事实是什么?哪些事实比较有说服力?哪些又很荒诞?如果你怀疑某些事实,那么给出你自己的证据来反驳这些事实。如果你解构这本书,你实际上是开始解构外界关于西藏的一些神话。

"关于香格里拉的神话在欧洲文明与思维中的影响力是非常强大的。香格里拉神话提供了情感和个体上的安宁,它为我们这些生活在西方文明中的人提供了希望,如果我们要度过安宁和纯净的一生,也许能够在拉萨或是其他地方找到更好的归宿。你们可以重新审视这个神话的前提,西藏过去是和平的吗?性别之间的竞争、传统苯教与佛教之间的竞争,以及达赖喇嘛与班禅喇嘛之间的竞争一直都是存在的。"

课后有学生评价:"这堂课最核心的词是'why',为什么杨要让我们看《西藏七年》,我们采访别人的时候,不要从问题跳到解决方法,而是要在其中再问一个'为什么'。我们最终应该解构香格里拉神话、解构西藏神话,消除像《西藏七年》这样误导性极大的书,还西藏一个真实的面目。历史上,这里也存在着不同的部族,有文化冲突甚至战争冲突,并不是一个宁静美好的人间天堂。"

当我们常常多问一个"为什么"时,我们的视角就打开了,从而跳出之前的思维定势,通过用历史的眼光和对现实的把握能够更理性地看待和解决问题。华文出版社出版的这套《讲述西藏》丛书正是站在尊重历史、尊重现实的高度,使用平实的语言和确凿的数据讲述着西藏的政治、经济、宗教、文化、教育等方方面面。

更为难能可贵的是,围绕西藏这个庞大、复杂、深奥的话题,《讲述西藏》丛书并没有用枯燥的文献、严肃的说教、艰深的理论来堆砌文字,而是通过人性的故事展现给读者一个真实的西藏。这些文章看上去轻松有趣,实际上这表面的轻松背后是大量的采访调研,必定花费了不少人力物力。编者把每章又分为四节:讲述、故事、编辑视点、背景知识,从宏观叙事到一个个人物的命运讲述,从画龙点睛的评论到实实在在的数据,每章都力求做到有理有据、有情有感。

在过去的16年里,我每年带着学生走在路上读书、采访、研讨、写作,就是希望他们在这个"大篷车课堂"上学会用朴实无华的语言写出一个个真实动人的故事。在方法上通过练习直接引语、场景描写等写作技巧,而背后则是扎实的历史地理知识的积淀和独立思考能力的培养。当代社会充斥着大众媒体与社交媒体,人们越来越成为信息的被动接收者。在这个媒介化社会中,我尝试训练学生用更理性的分析方法看待不同的文化与人类,用自己的双眼观察生活在不同环境下的人们,摆脱大众媒体刻板成见的束缚去搜寻他乡的故事。《讲述西藏》丛书中的许多人物故事及写作技巧是值得学生们学习借鉴的。

构思这篇书评的时候，我正带着学生坐在从巴基斯坦北部山区的"小西藏"飞往伊斯兰堡的1959年生产的C-130大力神军用运输机上。这是我第四次带领学生进入藏传佛教的源头巴基斯坦犍陀罗地区采访，而藏传佛教路线更是"大篷车课堂"的传统路线，除了我国的西藏、青海、四川、云南、甘肃等地，"大篷车课堂"还开到了尼泊尔，俄罗斯图瓦、布里亚特和蒙古国。这16年间我带着累计500多名学生出征20多次，用他们的双脚、双眼寻找真相，并让他们用自己的思维去解构当代媒体和学界关于生活在亚洲边地上的人的"神话"。借用了古代商人和朝圣者的"大篷车"概念，我与友人杨明皓共同指导这个"充满思想火花的大车店"。

与《讲述西藏》丛书的出版目的相同，"大篷车课堂"旨在通过阅读、采访并撰写当地风土人情来鼓励人们，特别是年青一代的跨文化对话。期待《讲述西藏》不断续写新篇章，寻找更多发生在西藏的感人故事。以真诚的态度讲述今天的故事就是在负责任地书写西藏明天的历史。

目 录

前　言

第一章　雪域高原上的虔诚 …………………………… 1

一、故事：寺庙里的僧人：朝佛与修行 …………………………… 2
二、讲述：高原上的宗教习俗 …………………………… 9
三、编辑视点：宗教文化在现代生活中的传承 …………………………… 27
四、背景知识：西藏的宗教与信仰 …………………………… 30

第二章　转世活佛 …………………………… 33

一、故事：青春派大活佛闪亮登场 …………………………… 34
二、讲述：活佛的世系传承 …………………………… 41
三、编辑视点：说说关于十四世达赖喇嘛的那些事儿 …………………………… 60
四、背景知识：金瓶掣签的由来及其意义 …………………………… 67

第三章　藏传佛教的学经制度 …………………………… 71

一、故事：绛红色袈裟背后 …………………………… 72
二、讲述：佛学院与辩经场 …………………………… 78

三、编辑视点：藏传佛教学衔制度——传统寺院教育与现代教育的融合………90

四、背景知识：传统的藏传佛教寺院教育——拉萨三大寺的学经制度…………95

第四章　扎根于信仰中的艺术…………………… 99

一、故事：高原艺术殿堂的守护者……………………………… 100

二、讲述：宗教艺术的重量…………………………………… 128

三、编辑视点：文化传承在融合中发展………………………… 164

四、背景知识：西藏文化发展新进程…………………………… 167

第五章　藏传佛教与现代文明的融合…………… 169

一、故事：僧人们的政治生活………………………………… 170

二、讲述：当代僧人多元修行之路…………………………… 178

三、编辑视点：宗教与现代生活的融合与促进………………… 184

四、背景知识：藏传佛教与社会主义相适应是历史的进步……… 187

后　记 ……………………………………………191

前 言

西藏是一个藏传佛教、苯教、伊斯兰教和天主教等多种宗教并存的地区。

目前，西藏自治区存在藏传佛教、苯教、伊斯兰教和天主教等多种宗教，在藏传佛教内部还存在宁玛、噶举、萨迦、格鲁等不同教派。西藏现有各类宗教活动场所1787座，住寺僧尼4.6万余人，活佛358名；清真寺4座，伊斯兰教信徒3000余人；天主教堂1座，信徒700余人。在漫长的历史进程中，各个宗教都经历了漫长的演化，也形成了独特的文化和亚文化，给西藏各族人民的生活打上了深深的烙印，各族人民也在此过程中创造了璀璨的宗教艺术，直到今天仍然熠熠生辉。

在西藏，党和政府依法加强对宗教事务的管理，寺庙学经、辩经、晋升学位、受戒、灌顶、诵经、修行等传统宗教活动正常进行，每逢重大宗教节日都循例举行各种活动。信教群众家中普遍设有经堂或佛龛，转经、朝佛、请寺庙僧尼做法事等宗教活动正常进行。活佛转世作为藏传佛教特有的传承方式得到国家的尊重。民主改革以来，已有60余名新转世活佛按历史定制和宗教仪轨得到批准认定。各种宗教也迎来新生，焕发出新的生机和活力。

第一章
雪域高原上的虔诚

今天的西藏,新时代的气息日益浓郁,但是,流传千年的传统依然没有断裂。在这片崇尚宗教的高原上,人们在信仰自由的氛围中表达着自己的虔诚。

一、故事：寺庙里的僧人：朝佛与修行

1. 昌都僧人次郎的学经故事

次郎是西藏昌都地区江达县瓦拉寺的僧人，法号尼玛桑布。次郎告诉记者，"尼玛"在藏语中是太阳，桑布是慈悲、善良的意思，从13岁进入瓦拉寺学习、修行至今，他已经有20多年的僧龄。

次郎（图片来源：中国西藏网）

在瓦拉寺修行多年后，表现优秀的次郎于2009年来到位于北京的中国藏语系高级佛学院，参加中级学衔班的学习。3年之后，他再次回到藏语系高级佛学院，参加辩经考试和领取中级学衔文凭。"这是一件值得高兴和珍惜的事情"，次郎告诉记者，"能够与来自藏传佛教各个寺院、各个教派的僧人们一起交流、沟通文化知识和经文知识。这也是我这次来北京的重要收获"。

从10月20日开始，中国藏语系高级佛学院一至五届中级学衔班的61位学员，共同参加为期4天紧张激烈的辩经考试和论文评审，获取"智然巴"中级学衔。这也是中国藏语系高级佛学院首次正式授予中级学衔。对于这次考试，次郎显得很有信心，"我们这几天考了《中观论》、《俱舍论》、《般若论》。我觉得考得还都可以，谈不上百分之百的好，但是，我已经尽了最大努力"。

谈起两年的北京学习生涯,次郎有很多感触,"老师和同学的帮助和鼓励,给了我很大的力量,这也是两年学习中最难忘的事情"。在北京求学、生活,也使次郎对于外部世界,特别是科技发展有了全新的认识。次郎说:"虽然我还不会电脑,但是我已经在使用手机。现代科技这么发达,给我们带来了很多方便,这是一个好事情。"事实上,现在在藏传佛教寺院,有很多僧人都在使用手机、电脑等现代科技。这些新科技不仅让佛教僧人跟上时代发展的脚步,也使藏传佛教得到更好的传承和发展。

2. 僧人次平的兼职导游生活

白居寺在日喀则江孜县城里,在寺庙商店里,藏香、藏药、宗教领袖画像、佛珠、金刚结等,样式丰富,店内出售噶当派、萨迦派、格鲁派的纪念品,展现了这所寺庙各教派和平共存于一寺的与众不同。

这个夏天的午后,白居寺游客和信教群众一拨接一拨。我尾随着游客队伍,听着导游的介绍,加深着对这座寺庙的了解。正准备走出措钦大殿时,一个穿着绛红僧袍的僧人带着一群游客走了进来。

"现在我们来到的是措钦大殿,它建于14世纪末期至15世纪初。殿高有3层,殿内共有48根立柱。往上看,这里周围都是丝织的唐卡佛像,年代久远了。"这位僧人导游口齿清晰,普通话也标准流利。

队伍来到北面的正殿,僧人导游一一介绍供奉的各座佛像、酥油花等,随时倾听、认真解答游客们提出的各种问题。有的游客有供奉点灯的需求,他一一协调满足。

走出措钦大殿,来到白居寺最有名的十万佛塔前,这座"在外看有9层,实际13层的佛塔"随着僧人导游的详细介绍,游客们纷纷点头惊叹,拍照留念。随后他不忘提醒大家:"如需带相机进入,要在门口交十元,如果不需要的话,可以将相机集中保存,到时候参观完毕会完好交给大家。祝大家参观愉快。"

游客们陆续向僧人表示了感谢,步入佛塔。直到目送最后一名游客进入,他认真的神态才有点放松。僧人导游,这个寺院里特殊的职业,让我忍不住和他攀谈起来。

个子不高的他，圆圆的脸上总是挂着浅浅的笑容，大方稳重。他介绍自己，就是江孜本地人，今年24岁，2002年进入寺庙，修的是布顿派。"我叫次平，你们知道一个纪录片吗，《西藏一年》，那里面就有我。"

说实话，眼前这个看上去憨厚稳重的年轻僧人与影片里有些顽皮的少年，很难一下子就联系起来，以至于当我听说他就是次平时，着实有些惊讶，却又十分惊喜。

青年僧人导游次平（图片来源：中国西藏网）

对江孜白居寺而言，这部讲述八个普通藏族人故事的纪录片《西藏一年》显然有着重要意义。作为影片中展现藏传佛教现代与传统冲突矛盾的主要人物，次平没有刻意向外人掩饰自己的身份，当年在影片里那个天性活泼、做事毛手毛脚、对生活有点心猿意马的少年僧人，也没有在不圆满的故事和观众的一声叹息中，就对自己的将来画下一个问号。

听说，对于影片中表现的自己，当时次平并不满意，僧人们也认为对次平很不公平。制片人书云在其博客上曾专门撰文解释。她说："不求次平的理解，只求他的宽容和原谅。"并对片子中失误之处做出修改。

距离影片拍摄已经过去了7年，曾经的顽皮少年，早已褪去了青涩和懵懂。尽管对影片中的自己，次平提及不多，但如今他会很平和地告诉我，纪录片在白居寺拍了一年；主动告诉我，他就是影片里的次平。这何尝不是一种宽容和释怀的态度。

次平说，如今他在寺庙里生活得很好，每天六七点起床、学经、诵经，有需要的话，还要去帮当地人家做法事，"学佛，会让人觉得满足和平静。"平时不忙的时候，他会像今日一样，担任导游，一天能接待三四组，为游客们介绍他所成长修行的这座寺庙，在平时多与人交流中练就了一口流利的普通话。

十万佛塔后面是座山，依山而建了一些僧舍和一座布顿派的寺院。次平说，他平时就在山上修行。山上那些独立的僧舍都是级别和学识更高的僧人才能住的，他现在还没有这个资格。我想，24岁的次平，在学佛道路上，远还有值得我们更为期待的未来。

3. 寺庙里的养老院

对于扎什伦布寺78岁的僧人阿琼来说，8月25日又是崭新和平凡的一天：在太阳升起之前起床，迎着早晨第一缕阳光进佛堂，向佛祖行礼叩拜，早餐是传统的糌粑酥油茶，在大殿内悠长的诵经声中，他看到了很多僧人年轻的脸庞和专注的眼神，似乎看到自己的年少时光。

阿琼出生于日喀则地区萨迦县，9岁出家，进入扎什伦布寺学习，从最基础的经文开始背诵，初识藏文、语法等，后受戒，正式成为一名僧人。如今，在扎什伦布寺年轻一代僧人代表扎西眼中，阿琼是寺院中德高望重的高僧，"阿琼啦（加啦字以示尊称）佛学造诣很高，学识渊博，精通《五部大论》"。

扎什伦布寺是藏传佛教的格鲁派寺院，位于西藏日喀则的尼色日山下，由明代正统十二年（1447）宗喀巴弟子根敦主兴建，后四世班禅罗桑·却吉坚赞加以扩建。

眼下西藏正处于旅游旺季，扎什伦布寺同样也是游人如织，有信徒远道前来顶礼膜拜，有游客慕名前来观瞻，佛音中，阿琼喇嘛时常双手合十为众生的吉祥祈祷。

阿琼虽年事已高，但他清晰地记得，扎什伦布寺至少由中央政府拨巨资进行了四五次大的维修："国家出钱维修了强巴佛殿，五世和九世班禅大师合葬灵塔，班禅行宫等等。"而零零星星的修补和维护则数不胜数。在8月25日那天，仍有不少当地民众参与扎什伦布寺僧舍的修建。

让阿琼感到欣慰的是，扎什伦布寺院内的文物建筑得到了保存和修缮，寺庙的僧人从20世纪80年代开始逐渐增多，佛法得到了弘扬。"经书和佛法是一辈子也学不完的。"年轻时就因聪明、勤奋、慧根深而18年习完显宗的阿琼，对佛法的学习追求不止。他说，如今，宗教信仰自由。正处在藏传佛教发展的最好时期。

现任扎什伦布寺民主管理委员会委员、政保组组长的阿琼说，他首先是一个中国公民，爱国爱教、护国利民、遵纪守法是每个僧人的最基本常识，深知只有安稳太平的生活，才能继承和弘扬藏传佛教的妙法教理，维持藏传佛教的正常秩序，"这是我常常和年轻一代僧人讲起的，过去的几十年也确实证明了这一点"。

"党的政策真是好，看病有医疗保险，每个月还能领到120元养老金，能享受到这些好政策，我们打心眼儿里感激。"山南地区桑耶寺89岁的僧人白玛土多领到基础养老金后高兴地说。

为加快建立西藏寺庙僧尼养老保险制度和医疗保险制度，根据《中华人民共和国社会保险法》，结合西藏实际和僧尼特点，自治区政府于2011年12月25日制定了《西藏自治区寺庙僧尼参加社会保险暂行办法》，并于2012年1月1日起在全区正式施行。

"以前的医疗保险制度虽然在一定程度上减轻了僧人的困难，但由于户籍所限，部分僧人无法参加和城镇居民一样的社会养老保险和医疗保险。因此，有关寺庙僧尼的社保、医保政策手册发放到广大僧尼的手中后，反响十分热烈，感谢党和政府又为寺庙僧尼做了一件大好事，进一步调动了僧尼爱国爱教的积极性。"色拉寺管委会副主任嘎玛群培告诉记者，"今年年初，色拉寺的470余名僧众踊跃参加社保和医保，参保率达100%。"

"在'六个一'（西藏自治区寺庙管理委员会为进一步提升寺庙管理水平，巩固发展寺庙和谐稳定的好局面，建立寺庙和谐稳定的长效机制，提出"六个一"：要交一个朋友。每个驻寺干部都要与一至几名僧尼交成知心朋友，及时了解他们的生活困难和思想动态。开展一次家访。每个驻寺干部都要联

色拉寺僧人（图片来源：中国西藏网）

系一至几名僧尼，深入自己所联系的僧尼家中搞一次家访，切实了解僧尼家庭的实际情况。办一件实事。发挥各自优势，为每个僧尼家庭解决一件最迫切、最现实的困难和问题，让他们切身感受到党和政府的温暖。建一套档案。为每个僧尼建立一套档案，详细记录其个人信息和家庭状况，切实做到心中有数、底数清楚，便于管理服务。畅通一条渠道。通过电话、通信、家访等方式，建立起驻寺干部与僧尼家庭联系的稳定渠道，与其家人共同教育引导僧尼爱国爱教、遵规守法。形成一套机制。建立起寺庙管委会（专职特派员）、驻寺干部、僧尼、家庭共同负责、协调联动的构建和谐模范寺庙的好机制。）活动中，政府不仅为寺庙修建了柏油路，还投资200余万元建立寺庙饮水工程，有效解决了我们日常生活中的饮水难问题。同时，充分落实党的宗教信仰自由政策，使正常的宗教活动得到保护，让我们真切地感受到了党的关爱！我们一定会教育年轻僧尼爱国爱教，争做守法持戒的好僧尼。"甘丹寺僧人查果说。

"通过收听藏语广播了解到，不仅西藏发生了翻天覆地的变化，我国各地的变化也可谓是日新月异。尽管眼睛老花了，但我每天都会坚持听广播。"甘丹寺65岁的僧人阿旺旦琼说。

老年僧人（图片来源：中国西藏网）

目前，为了改善寺庙基础设施和公共服务条件，西藏自治区财政已累计划拨6亿余元专项经费，实现了领袖像、国旗、报纸、文化书屋和广播电影电视在寺庙全覆盖，1735座寺庙通了路，1730座寺庙通了电，1662座寺庙通了水，1736座寺庙实现了通讯覆盖等，有效解决了寺庙僧尼最渴望、最直接、最现实的问题，极大地改善了寺庙基础设施和公共服务条件。个别财力比较好的地市和县市区还根据寺庙实际在"九有"（指有领袖像、有国旗、有道路、有水、有电、有广播电视、有电影、有书屋、有报纸。）的基础上增加了寺庙温室、澡堂、垃圾池、食堂等项目。同时自治区财政每年补贴2600多万元把全区寺庙在编僧尼全部纳入了社保体系，实现了在编僧尼医疗保险、养老保险、人身意外伤害险和最低生活保障全覆盖，并每年免费为僧尼进行一次健康体检，建立健康档案。针对全区在编僧尼中60岁以上占10%、40-59岁占60%的年龄结构和老年僧尼养老难的实际，西藏自治区决定在全区45座百人以上寺庙统一修建养老院。

二、讲述：高原上的宗教习俗

1. 用身体丈量土地：磕长头

冬季，是藏族信徒传统的朝佛季节。藏区大部分地区属于农牧区，每年到了10月中旬就进入了农闲时节，信徒也有了时间和精力来拉萨朝佛。来自四面八方的朝佛群众，或是开车直达拉萨，或是一站站换乘不同的交通工具赶到拉萨，抑或是一路磕长头到拉萨。他们虔诚的朝佛热情如冬日暖人的阳光般溢满拉萨城的每个角落。

清晨，当高原上的第一缕晨光透过大昭寺的金顶洒在八廓街广场的时候，仁增旺琼和他的16个伙伴已经匍匐在殿前的青石板上。祈祷、俯身、长头，再祈祷，再俯身，再长头。不畏惧冬日的寒冷，不理会青石板的冰凉，一次又一次，直至拉萨。

从林芝地区波密县一直磕长头而来的仁增旺琼和伙伴们用两个月时间完成了他们的朝圣之旅。熟悉路况的人都知道，这一路穿林海、过雪原，风霜雨雪、狼虫虎豹，困难不少。偶尔会面临山体滑坡、乱石滚落，其间也潜藏不少风险，以等身长头成功抵达拉萨者，若非坚强毅力，难以实现。

"春夏秋季比较忙，只有冬季牧区清闲，我们才能来。"20多岁的仁增是第一次从家里磕长头来拉萨，这一行对他而言意义非凡，"我终于磕着长头来到了拉萨，看到了大昭寺，完成了我的心愿"。仁增们的心愿就是，在有生之年，用磕长头这种最虔诚的方式，完成自己的朝圣之旅，哪怕只有一次。

"当然也不只是因为冬季农闲，还有一个原因，冬季不热。"仁增的伙伴说，长途跋涉磕长头，原本就容易发热，如果天气太热，容易出汗。

在完成了自己的朝圣之旅后，仁增们在大昭寺广场前被戴上了如锦缎般的黄色哈达，这是对他们虔诚的肯定。为了记录下这人生中的重要时刻，仁增们纷纷用手机给自己拍照。一旁的朝圣者队伍更加庞大，很多来自牧区的女子们脖子上也戴着哈达。虽然磕长头让他们的衣服上满是灰尘，有的甚至已经破损，但笑容写在每一张脸上。

布达拉宫、大昭寺、色拉寺、哲蚌寺、甘丹寺等寺庙，都是信徒们争相朝拜的地方。

来自西藏那曲嘉黎县的牧民米玛告诉记者，虫草让他们一家富了起来。今年米玛一家开车到拉萨，住在自己买的房子里，"再也不用像从前一样搭车上路，到了拉萨还要挤旅馆。现在有房有车，朝佛路更加便捷顺畅了"。

米玛说，他每年都会拿出一定的钱和物品供奉拉萨三大寺及其他各个寺庙的主供佛。他告诉记者，每到一个寺庙，都会虔诚地向佛祖许愿，愿家人身体健康，收成越来越好，生活越来越好！

与米玛的朝佛路不同，来自云南迪庆藏族自治州德钦县佛山乡江多村的扎西则是与同村的48个人一起来到拉萨朝佛。他们是一站站换乘客运班车到昆明，再从昆明坐火车到成都，然后由成都坐火车到拉萨的。一路上花去了数天的时间。

从拉萨的大昭寺开启了他们的朝拜之旅。他说，头两天他们拜遍了拉萨所有的寺庙，然后去了日喀则的扎什伦布寺、萨迦寺和夏鲁寺，之后去了山南的桑耶寺、昌珠寺、雍布拉康，还有羊卓雍湖附近的所有寺庙。

扎西说："我祈愿来年家人身体康健，一家人的生活越过越有滋味。"扎西他们的朝佛之旅历经半个月的时间。扎西说，由于并不是所有人都有机会来拉萨朝佛，所以当地人非常崇拜去过拉萨朝佛的人，觉得很神圣、很光荣。"一般都是村里一家人先表示今年想去拉萨朝佛，有时间的人就回应，然后大家相约一同前往拉萨。"他说。

朝佛之余，扎西在拉萨买了很多当地特产，准备带回家乡。"买好了带回去的礼物，过几天就走了。"村里不成文的习俗是凡到拉萨朝佛者必须带拉萨的礼物回家乡，一是祝福，二是祈愿得到佛祖的庇佑。

来自青海的阿旺喇嘛用轮椅推着八十多岁的老母亲来到大昭寺朝拜。"从青海过来，边走边朝佛，走了整整一年。"阿旺来到拉萨的时候，母亲希望能再到寺庙看看。老人家坐在轮椅上，布满皱纹的脸上写满了满足感。在她的面前，是密密麻麻正在磕长头的人们。不同的人有不同的节奏，但都朝向一个方向——拉萨，仿佛钢琴的琴键，以不同的起伏合奏属于同一个信仰的音乐。

磕长头的人们（图片来源：中国西藏网）

讲述——朝佛者的"磕长头"仪式

在西藏各地通往拉萨的大道上，人们不时地会看到佛教信徒们从遥远的故乡开始，手佩护具，膝着护膝，前身挂一匹毛皮衣物，尘灰覆面，朝着圣城拉萨方向，沿着道路，不惧千辛万苦，三步一磕，或积月、或积年而至拉萨朝佛，相识的人们三五成队，在拥有共同信念的支配下，虔诚地移步而行。

"磕长头"是藏传佛教信仰者最至诚的礼佛方式之一，磕头朝圣的人在其五体投地的时候，是为"身"敬；同时口中不断念咒，是为"口"敬；心中不断想念着佛，是为"意"敬。三者得到了很好的统一。信徒们遵循这样的程序：首先取立正姿势，口中念念有词，多为诵六字真言，读作"嗡嘛呢叭咪吽"，即印度佛教密宗的"真宝言"，一边念六字真言，一边双手合十，高举过头，然后行一步；双手继续合十，移至面前，再行一步；双手合十移至胸前，迈第三步时，双手自胸前移开，与地面平行前身，掌心朝下俯地，膝盖先着地，后全身俯地，额头轻叩地面。再站起，重新开始。在此过程中，口与手并用，六字真言诵念之声连续不断。

"磕长头"分为长途（行不远数千里，历数月经年，风餐露宿，朝行夕止，匍匐于沙石冰雪之上,执着地向目的地进发)、短途(数小时、十天半月)、就地三种。

磕长头的人(图片来源:中国西藏网)

长途"磕长头"者主要是藏区的牧民,西藏的牧民许多以一生能朝拜一次布达拉宫为终生愿望。过去,他们双手空空,衣粮不备,沿路乞讨。当今一般则有一信徒专司衣粮,其他人专司朝拜,他们不辞辛苦,在往布达拉宫朝拜之前,往往都是变卖家里所有的家当,只推着一个平板车,带上简单的生活必需品如帐篷、衣被、餐具等上路。常见的信徒年龄是四十岁左右的,往往是一家之主,带上一家人,大人、小孩一起。磕长头的信徒一丝不苟,绝不想用偷懒的办法来减轻劳累,遇有交错车辆或因故暂停磕头,画线或积石为志,就这样不折不扣,矢志不渝,靠坚强的信念,步步趋向圣城拉萨。短途一般是围绕着寺庙、神山、圣湖等,依顺时针方向是三步一磕,口诵六字真言。就地磕长头则是于寺庙殿堂之内或外围,身前铺一毯,原地不断磕长头,只是不行步,余者与行进中的磕长头一样,或还愿,或祈求保佑,赐福免灾因不同心理意愿，而犹入无人之境。磕头时赤脚，这样才表示虔诚。无论从哪个方面说，藏民信徒的这种磕长头礼仪，这种出自心灵内部的虔诚的信念，不远千万里的顶礼膜拜，委实令人叹为观止。

磕长头的人（图片来源：中国西藏网）

磕长头是藏传佛教信徒为实现信仰、祈福避灾而进行的最为虔诚的祈祷方式。同时，它也是藏传佛教密宗修持的一种方法。藏传佛教密宗中修习"三密加持"，旨在使身、口、意"三业"清净，与佛的身、口、意三密相应，即身成佛，而修持是其唯一途径，被视为密宗的根基，其目的在于通过清心和抑制欲望，达到忘我的境界。修行是极艰苦的，从早到晚不间断地修持，一般需两年以上的时间才能完成，其中就包括必不可少的磕长头10万次。

2. 转经：路上的人们

60 岁老人南木国：从四川阿坝来到拉萨朝佛

在拉萨市药王山西侧的千佛崖，一位上了年纪的老人正在艰难地爬着山上的阶梯，虽然气喘吁吁，但一直没有停止转动手中的念珠。

这位老人名叫南木国，是从四川阿坝藏族羌族自治州赶来拉萨朝佛的。60岁的她一直有个心愿：这辈子能够去拉萨朝佛，去布达拉宫、大昭寺和小昭寺朝拜，如今，她终于梦想成真了。

从四川阿坝到拉萨朝佛的南木国（图片来源：中国西藏网）

老人来自农村，儿子千里迢迢护送母亲。从阿坝州坐车到昌都地区这一路，由于身体的不适应，老人一路晕车，头晕、耳鸣、呕吐……但这也没阻挡老人来拉萨朝佛的决心。最后，儿子买了机票把老人送到拉萨。

转经路上，老人一个人蹒跚地行走，虽然因为地区方言的不同而无法沟通，但老人一直对同行的转经人报以微笑。

在千佛崖，老人将头轻轻地贴着崖壁，默念经文。千里朝圣路，让南木国老人吃尽了苦头。她决定留下来在拉萨待一整年，用脚步和身体去朝拜，走遍每一个大小寺庙。

拉萨人的生活方式：转经、喝甜茶、晒太阳

在拉萨，老人们一般早上天未亮就起床，开始转经。转八廓街不分什么节日，每天早上都可以去转，转一圈一般需要10—15分钟。大昭寺广场前的丹杰林路上有"光明港琼甜茶馆"，是转经的人们比较喜欢去的地方之一。新光明港对面巷子往右转，走大约50米，是老光明茶馆。这里一般聚集着很多当地人。据说，光明港甜茶馆是拉萨最古老的茶馆之一。

转孜廓也不分什么节日。布达拉宫后面是宗角禄康公园，公园里有两家露天甜茶馆，一家在东边，依湖而建，垂柳依依；另一家在西边转经道旁，视野开阔，阳光充足，人群熙熙攘攘。转完八廓来转孜廓，刚好能坐在椅子上享受一天中第一缕阳光的温暖。

而林廓转经道上藏历节日的时候人比较多。一路上，有仓姑寺甜茶馆、革命茶馆等知名茶馆。仓姑寺甜茶馆是拉萨唯一的尼姑庵仓姑寺开设的茶馆，茶馆的后面即是寺庙。茶馆的主人就是寺庙里的尼姑，别具特色。革命茶馆在江苏东路有一个分店，楼顶也是晒太阳的好去处。革命茶馆也是拉萨的老茶馆之一，老茶馆家的藏面尤为好吃，一些小吃也不错。

多少年来，在这些转经路上，在信徒散发着酥油馨香的手指摇动下，转经筒伴随着吟诵的"六字真言"，永无休止地旋转，传递着他们虔诚的信仰。

讲述——转经与转经筒

转经是西藏以及川、滇、青、甘藏区的藏传佛教的一种宗教活动，即围绕着某一特定路线行走、祈祷。

藏佛教信徒认为拉萨是世界的中心，大昭寺实际就是佛教关于宇宙的理想模式——坛城（曼陀罗）这一密宗义理立体而真实的再现，萨则以释迦牟尼佛为核心进行转经活动。一般来讲，全拉萨的转经线路有三条：第一条在大昭寺中环绕主殿觉康一周，称"囊廓"，长约 500 米，是内环线；第二条是八廓街，环绕大昭寺一周，全长约 1000 米，称"八廓"，是中环线，第三条是林廓路，绕拉萨老城区一周，全长 5000 米，是外环线，称"林廓"即外环的意思。在拉萨的萨嘎达瓦节期间，林廓转经最为壮观。从萨嘎达瓦的第一天开始，林廓路上就出现了成群结队的转经人流。藏区大大小小的寺庙门前，都摆列着一排排的转经筒，下端有可用于推送摇动的手柄，信众经常到寺庙去推动经筒旋转，这称为转经。

一般而言，藏传佛教的信徒认为，转动经轮的功德，转动一周者，即等同于念诵《大藏经》一遍。转动两周者，等同于念诵所有的佛经，转动三周者，可消除所作身、口、意罪障，转动十周者，可消除须弥山王般的罪障；转动一百周者，功德和阎罗王相等；转动一千周者，自他皆能证得法身；转动一万周者，可令自他一切众生解脱；转动十万周者，可远至观世音菩萨海会圣众处，转动百万周者，可令六道轮回海中一切众生悉得安乐；转动千万周者，可令六道轮回众生皆得拔除苦海；转动亿万周者，功德等同于观世音菩萨。

布达拉宫的转经筒（图片来源：中国西藏网）

转经筒又称"玛尼"经筒（梵文 Maṇi，中文意为如意宝珠），与六字真言有关，藏传佛教认为，持诵六字真言越多，表示对佛菩萨越虔诚，由此可得脱离轮回之苦。因此人们除口诵外，还制作"玛尼"经筒，把"六字真言"经卷装于经筒内，用手摇转，藏族人民把经文放在转经筒里，每转动一次就等于念诵经文一遍，表示反复念诵着成百上千倍的"六字真言"。

转经筒的结构大同小异，分为两类：一是手摇式转经筒，也叫转经轮。属于转经筒的一种，与一般的立式转经筒不同。筒侧设一小耳，耳边系一吊坠。在圆柱形筒身中插入带有长手柄的轴柱，手握手柄利用离心力来旋转经筒。筒内装有经卷并装有带有手柄的轴柱，轴枢多以蚌壳做成。虔奉藏传佛教的人们认为，随着转经筒一圈一圈地旋转，他们的功德也在一点一滴的积累直到磨损坏才认为是功德圆满。二是固定式的转经筒，大小不一。小型的可随身及室内使用。大型转经筒则一般置于寺庙里，是固定在寺庙里轮架上的。在西藏的寺庙里都有各种大型的转经筒。如布达拉宫的西墙外，有一排转经筒，藏民要顺时针用右手转动它们，并在嘴里喃喃地念六字真言。在大昭寺正门的左侧，有两个巨大的转经筒，它们相当沉重，有个高大的穿着猩红色僧衣的喇嘛在用力地转动着它们。与小型转经筒相比，大型转经筒则筒壁上刻的经咒和内部装经卷数量较多。目前还出现了电动、水转、风能、太阳能等种类的转经筒。

转经筒一般用金、银、铜铸造为主，表面压制着各种花纹图案，并刻有"嗡、嘛、呢、叭、咪、吽""六字真言"或其他经文。制作精美的转经筒上面还镶有珊瑚石、绿松石、玛

转经的老人（图片来源：中国西藏网）

转经筒（图片来源：中国西藏网）

瑙等宝石，转经人认为这些宝石除了装饰之外，也会给他们带来好运。藏传佛教的教徒祈祷时，一面转动转经筒，一面口诵六字真言，以表示对佛的赞颂。转经筒要按顺时针转动，每转动一圈，就表示念诵一遍经咒。作为一种借助外力的祈祷形式，一般而言，藏传佛教的转经筒制作材料为贵重金属，筒壁刻有精美的宗教图案、佛语，镶嵌玛瑙等贵重金属，具有独特鲜明的艺术观赏性和审美意趣。转经筒制作将佛教与艺术完美的结合，满足了佛教徒的审美需求，也体现了藏传佛教的高超艺术技法，展现了绚丽的藏民族艺术之美。

3. 普通百姓的"经幡人生"

"我叫欧洛，也叫格桑。欧洛是对孩子的昵称，我喜欢别人叫我欧洛，而我的真名叫格桑。"在前往西藏林芝途径米拉山口时，听到垭口卖经幡的小伙子格桑这样跟客户介绍。

格桑是西藏拉萨尼木县人，岁数不大，才二十出头，但他在米拉山口的时间不短，足足待了六年。

我们一行到达米拉山口后，车上的同事纷纷添加厚衣服准备下车拍照留影，而我因为山口的风太大、气温很低，准备在车上凝望头顶上飘荡的经幡，却无下车之意。

经幡飘荡之处不时传来"嗦、嗦、嗦……"的声音。这是卖经幡的人在为过路人挂经幡时发出的声音，有祝福、祈祷之意。我打开车窗拍摄山巅的经幡，此时有一个身影走进我的镜头，他就是在米拉山垭口生活了六年之久的年轻小伙子——格桑。

格桑见我跟他打招呼，就急忙到车窗前说："阿佳（姐姐），挂个经幡吧，今天的日子很好，又是'萨嘎达瓦'，我给您挂到山顶最高处……"

听着他朴实真诚的话语，我不忍回绝。随后，打开车门站到格桑跟前静静地倾听他继续讲述米拉山与垭口经幡以及他自己与经幡的不解之缘。

米拉山亦称"甲格江宗"，意为"神人山"，位于西藏林芝地区工布江达县境内。时下虽然已是夏季6月，但当我们到达这座神山垭口时，这里仍未退却冬季的寒冷，在湛蓝的天空下，大风呼啸，寒气逼人，氧气更是稀薄。

两年前我曾到过米拉山口，那时垭口的经幡没有现在多，但卖经幡的人

米拉山口的经幡（图片来源：中国西藏网）

却比现在多很多。据格桑说，现在在米拉山口共有9个人卖经幡，他们在卖经幡、挂经幡的同时，还负责这里的卫生。

"这里太冷了，没有分明的四季，只是到了夏天，山上野草会变绿一些，而到了冬天雪下得很大，有时会封山，天气变得更加寒冷。"格桑说："这里是拉萨至林芝的一条主通道，一年四季挂经幡的人源源不断。"随着游客、朝佛人不断增多，每到春夏季节他们每个人每天的收入不低于300元，而到了秋冬季节每天也能挣100元左右。他们中的多数人会印经、会做经幡，所以每条经幡的成本不太高。

经幡藏语叫"隆达"，"隆"是风的意思，"达"是骏马的意思，所以经幡又称"风马旗"。经幡是一种用棉布、麻纱、丝绸等材料制成的长方形彩旗，多为蓝、白、红、绿、黄五种颜色，色序不能错乱，分别象征天空、祥云、火焰、江河和大地。藏传佛教又赋予五色为五方佛及五种智慧的含意。一些学者更认为五色经幡还融入了中华民族的五行说，分别代表金、木、水、火、土。

格桑说，他在米拉山垭口生活了六年，也为别人挂了六年的经幡。"每挂一条经幡，都会发自内心地把祝福随风捎给远行的人。"

格桑在为行人挂经幡（图片来源：中国西藏网）

如果说，卖经幡是格桑从事的一种职业，是他生活的主要来源，那么挂经幡是他为远行人表达真挚祝福的一种方式，他很用心，也很真诚，很负责。他身上斜挎着装满五彩经幡的包，而手里总是拿着一本藏历，为每一位前来挂经幡的人讲解"藏历"中记载的吉日与生辰。

格桑告诉记者，他最大的愿望就是每挂一条经幡后，都能看到买经幡的人脸上露出满意而欣慰的笑容，希望每个人都平安吉祥。

在途经5013米高的米拉山垭口时，我的朋友明明也从格桑手里买了一条经幡。格桑十分熟练地从兜里掏出一支签字笔递给明明。

明明问："我在上面写什么呢？"

在经幡上写上姓名与祝福的远行人
（图片来源：中国西藏网）

格桑用一口流利的汉语告诉明明说："一般都会写自己家人的名字，还有亲朋好友的名字都可以写在上面，写在没有经文、佛像图案的空白处。"

随后，明明一笔一画地写着家人的名字，而格桑在一旁默默地等候着。

格桑把写好名字的经幡挂到米拉山垭口的最高处，嘴里不停地祝福着，明明则双手合十注视头顶

在藏区随处可见的经幡（图片来源：中国西藏网）

上的经幡群，默默地祈祷。

格桑很年轻，他在拉萨繁华的八廓街拥有一个摊位，每年的收入也不菲，但他选择了米拉山，选择了大多数人感到无法长期生存的雪山垭口坚持。在米拉山垭口，无论是卖经幡的格桑、还是途径这里的远行人明明，或是一旁见证一切的我，在大风中飘荡的经幡群下，我们感受到更多的是一种安详、一种幸福、一种力量、一种大爱。也许，这就是格桑坚持守护米拉山的原因吧。

五彩经幡的祝福

风马旗是青藏高原上一道独特的风景，无论是在西藏，还是在四川、青海、甘肃、云南的藏族聚居区，人们随处都能见到一串串、一丛丛、一片片五彩的风幡。对藏族民众来说，无论喜庆生辰、逢年过节，都要插挂五彩风马旗，象征着天、地、人、畜的和谐吉祥；逐水草而居的牧人，每迁徙一次，搭完帐篷后的第一件事就是系挂经幡，以祈得到周围神灵的许可和福佑；朝圣者结伴跋涉荒漠野岭，也一定扛一面醒目的风马旗，祈求免入迷途遇到灾难；江畔湖边人们遍插风马旗，以示对树灵水神的敬畏与供奉；生活于莽林峻岭间的人们高悬风马旗，以示对山神岩神的虔诚与供奉；在圣迹古刹张挂五彩风幡，表示对神佛祖魂和选取哲贤圣的崇拜与礼赞；阳春三月开犁播种，耕牛的头角上一定插挂风马旗，那是向土主地母致敬和祈祷，祈望五谷丰登；

山河路口张挂风马是希望舟车无碍；天葬台附近张挂风马旗则是超度亡灵、寄托哀思等。总之，风马旗是沟通世俗与灵界的通用媒介。悬挂风马旗已成为千百年来流传于藏民族地区的一种宗教习俗。藏族民众相信，哪里有经幡，哪里就有幸福吉祥。

　　风马旗之所以也称作经幡，是因为这些幡上面都印有佛经，在信奉藏传佛教的人们看来，随风而舞的经幡飘动一下，就是诵经一次，在不停地向神传达人的愿望，以祈求神的庇佑。这样，经幡便成为连接神与人的纽带。风幡所在即意味着神灵所在，也意味着人们对神灵的祈求所在。风幡寄托着人们美好的愿望。在西藏，经过跌落地上的风马旗时，请挑起来或绕行，切勿从上踏过。

在藏区随处可见的经幡（图片来源：中国西藏网）

4、哲蚌寺晒佛——雪顿节的故事

拉萨，藏历六月三十日，凌晨四时许，哲蚌寺措钦大殿西侧展佛台的山坡上就已经聚集了无数前来瞻仰佛像的游客和朝拜的信众。在工作人员的引导下，人们静静地席地而坐，等待着第一缕阳光和巨幅唐卡佛像的到来。

次仁央金是哲蚌寺脚下巴桑村的村民。57岁的她虽然就住在展佛台的山脚下，仍旧夜里三点钟起床，带着4岁的小孙子跟着朝佛的队伍上山，期待让孩子也能够沐浴到佛祖的恩泽。

朝佛的信众中不乏来自西藏各个地区的农牧民。14岁的旦增平措就是跟妈妈一起从山南地区的贡嘎县专程赶来瞻仰巨幅唐卡佛像的。这是他第二次来拉萨看雪顿节的展佛仪式。尚且年幼的他并不知道唐卡上画的是哪一尊佛，

雪顿节展佛（图片来源：中国西藏网）

朝佛对他来说更像是父母亲传承下来的民俗习惯。

今年22岁的旺姆来自日喀则，在拉萨做餐厅服务员。她是陪朋友一家连夜赶来朝佛的。上午7时许，哲蚌寺措钦大殿传来法号声，展佛台下桑烟袅袅，朝佛的人们开始缓缓前行，旺姆也赶紧帮朋友抱起2岁的婴孩儿跟着队伍移动。

没多久，在庄严的法号声中，百余僧人抬着巨幅释迦牟尼唐卡卷轴走出措钦大殿去往展佛台。满山的信众和游客热情欢呼，排队走向佛前虔诚许愿、祈福。许多藏族信众口念六字真言，手捻佛珠或者摇着转经筒，不时地拿起哈达放在额头朝着佛像的方向行礼。

作为拉萨雪顿节的开幕序曲，一年一度的哲蚌寺展佛活动总会吸引数万名信众和游客。大多数人们半夜就开始徒步登山。由于信众人数太多，车辆只能行驶到北京西路路口处。看展佛的人群需要从这里走路、爬山。人们有的不愿汇入拥挤的人群中，就爬到展佛台对面的小山丘上等待远瞻佛祖释迦牟尼像。

展佛时间一般是从上午8点到下午4点。上午10点左右，整个金珠西路上已经是乌泱泱一片，只见人头攒动，却不见数量增减。浩浩荡荡的朝佛队伍向哲蚌寺奔来，占满了整座山坡。是日，拉萨市也几乎是"万人空巷"。

"雪顿节"起源于哲蚌寺的宗教活动，"雪顿"意为酸奶盛宴。始建于1416年的哲蚌寺坐落在拉萨西郊的根培乌孜山上，宛如镶嵌在半山腰中的一座吐蕃古城，规模宏伟，是中国藏传佛教格鲁派（黄教）拉萨三大寺之一。按照当时藏传佛教格鲁派的教规，每年的4至6月期间僧人们是不允许外出的，以避免无意地踩死小虫而杀生。通常要到6月底僧人们才能外出活动。解禁的日子，僧人们会相继下山，然后就有老百姓带着酸奶来犒赏僧侣，还要举行一些藏戏表演等娱乐活动，于是就有了雪顿节。

讲述——藏传佛教的晒佛

如果你亲历过西藏的晒佛节，当看到晒佛节上宽达几十米的大佛唐卡高挂在晒佛台上飞泻直下，山下人头攒动，在蓝天白云的衬托下，法器齐鸣，诵经声响彻云霄，场面蔚为壮观，这虔诚的宗教气氛会不由自主地感染你。

在西藏、青海、甘肃、四川、云南等各藏区这一传统宗教节日的具体日

哲蚌寺晒佛（图片来源：中国西藏网）

期也不尽相同。在西藏，最著名的晒佛就是雪顿节期间哲蚌寺的晒佛仪式，但更多寺院大都在藏历二月初或四月中旬举行，如扎什伦布寺的晒佛节是每年藏历四月十五日，塔尔寺的晒佛节则是藏历正月十五日，而甘肃省夏河县拉卜楞寺的晒佛节则是正月十三日。小寺院的晒佛规模较小，一般在寺内举行。为了让善男信女者观瞻，朝拜佛像，有的寺院还修筑巨大的晒佛台。如拉萨市的布达拉宫和日喀则的扎什伦布寺均有巨大的晒佛台，台面宽阔，可同时悬挂数幅佛像。

巨幅佛像唐卡（图片来源：中国西藏网）

晒佛时，各地寺庙将寺内珍藏的巨幅布画和锦缎织绣佛像取出，或展示于寺庙附近晒佛台的石壁之上。这些巨幅布画和锦缎织绣佛像，做工精致、色泽鲜艳，艺术价值很高，是各个寺庙的镇寺之宝。

唐卡有多种形式，但都会用到很多天然的颜料，像绿松石、珊瑚、金子等。这些可以画在纸上、布上、丝绸上、羊毛织物上。颜色常年如新，不褪色。也正是这个原因，晒佛的时间不能过长，以防青藏高原的超强紫外线对画质造成损害。一般而言，晒佛仪式持续几个小时，但真正晒唐卡的时间只有几十分钟，之后众人将晒过的佛像小心翼翼地卷起来，扛着佛卷绕寺院转够三圈，然后把它安放到原处。

晒佛时，身着紫红色袈裟的喇嘛，口念佛经，在佛像前顶礼膜拜。无数男女信徒，整装敬礼，观瞻佛容，场面宏伟壮观。但是，就是为了这短短的几十分钟，当地的僧侣和老百姓们却需要等候整整一年的时间。

三、编辑视点：宗教文化在现代生活中的传承

今日的拉萨，还有西藏各地的城镇，无处不是遍布着现代化、商业化的现代文明元素，市场的力量带来的是价值观和生活方式的多元化，人们也享受了新的生活方式带来的方便快捷舒适，但宗教仍然在日常生活中占据极其重要的位置。

普通百姓的宗教生活

拉萨市民次仁卓嘎去年花100多万元购置了一套藏式别墅，除二楼精心布置的佛堂外，其门窗下还悬挂着红、蓝、白三色条形的祈福布幔，屋顶四角插着经幡，檐角处设有一个小煨桑炉。

在藏传佛教盛行的西藏，随着经济社会不断发展，藏族群众的生活条件日益改善，宗教文化细节在现代化生活背景下同样得到良好传承。

在遥远的藏东村寨，50岁的藏族汉子每天早晨都要来到自家二楼的小佛堂，先为数十盏净水杯换上清水，再给每一盏长明灯添上酥油。事毕，他才背起工具箱，跨出家门。

达瓦江村是昌都地区察雅县烟多镇雪东村的木匠，得益于农牧民安居工程，2012年初他搬迁进宽敞明亮、设施齐全的双层藏式小楼。住进新居后，他特意在自家二楼留出一间位置最佳的房间当作佛堂。

信仰藏传佛教的他，无论平时工作多忙，礼佛修行仍是"必修课"。"如今，家门口就是直通县城的柏油马路，村民们外出务工机会多，衣食无忧，但离村子不远的烟多寺从未断过香火，大家恪守藏传佛教教义，村里从没出现过偷盗、酗酒、杀生的事。"他说。

每天清晨，家住拉萨市德吉路的藏族老人普布次仁都会拿起转经筒出门转经。"绕大昭寺转上几圈，身体舒服，精神状态也好。"他说，虽然家里有车，但是步行转经作为一种修行方式，不能偷懒。去年初，拉萨修建了人行天桥，信教群众转经穿行马路时安全多了。

普布次仁的儿子次旦很多年前买了辆车跑长途运输，新车一到手，他第一件事便是将保佑平安的小佛像、吉祥八宝吊坠、经书放置在驾驶室。"我

信仰佛教，希望佛祖保佑我出行平安。"他说，这几年西藏公路修得越来越远，路况好多了，跑长途心里更踏实了。

行走在通往日喀则地区萨迦县的路上，老远就能望见一排排崭新的安居房矗立在公路边，与西藏其他地区不同，这里的房子墙体大多以黑、白、红三色涂料粉刷而成，在阳光的映照下独具风情。

"用这三种颜色装饰民居，说明主人是藏传佛教萨迦派的信众。前些年粉刷新房时，村委会的干部们都赶过来帮忙。"萨迦县多夏村村民仁青说，如今生活条件好了，但是老祖宗留下的文化传统不能丢。

宗教信仰少不了宗教用品作为载体。分布在西藏各大寺院附近的佛教用品商店随处可见，店内大多生意红火，唐卡、藏香、佛龛、莲花彩、净水杯等一应俱全。

"每天围绕大昭寺转经、朝佛的人源源不断，平时店里每天的销售额有五六百元，每逢大型宗教节日，每天收入能达到两三千元。"在八廓街经营佛教用品生意的扎西拉姆说。

在西藏，每天虔诚的转经礼佛是藏族百姓生活的一个重要内容。从早到晚，藏族百姓在日常生活中也还践行着传统的宗教生活。20世纪80年代以来，西藏陆续恢复了各种类型宗教节日40余个，在西藏每个传统宗教节日里，信教群众都可以按照自己的心愿转经、朝佛、烧香、磕头、布施、还愿。遍布西藏各地的大小寺庙或宗教活动点，到处都可看到年龄不同的信徒举着酥油灯、摇着转经筒烧香、拜佛。信教者家中几乎都设有小经堂或佛龛，每年到拉萨朝佛敬香的信教群众达百万人以上。经幡和堆积着刻有佛教经文的玛尼堆随处可见。众多在宗教部门正式注册的僧尼，可以在自己出家的寺庙修行，也可以到其他寺庙朝拜，还可以受信徒之邀，到民间举办小型的佛事活动。漫步在拉萨街头，你能深切地感受到西藏那种浓郁的信仰氛围，大街小巷，到处都有不同年龄和性别的藏族信众，手持转经筒和念珠，口诵真言，虔诚地慢慢前行。这种因为信仰虔诚和坚定，流进了他们的血液里，融进了他们的眼神和心灵，造就了藏族集单纯与厚重于一身的气质。

"80后"西藏僧人的生活观

每天拂晓,西藏萨迦寺僧人土吉巴桑早早起身,来到寺庙普巴拉康殿,为每一盏净水碗换上清水,继而悉心拂去大殿角落的新尘……

土吉巴桑,28岁,西藏萨迦县吉定镇察贡村人。他13岁在萨迦寺出家,23岁入西藏佛学院萨迦寺分院学习,毕业后开始负责普巴拉康殿日常事务管理。

作为藏传佛教僧人,土吉巴桑整日身着一袭绛红色僧衣,一串锃亮的凤眼菩提佛珠不离手。

"除了照料大殿日常事务,我每天6点半和14点开始分别学经两小时,每周还要和其他僧人一起参加辩经。"他说,通过一轮轮激烈的"唇枪舌剑",能够让自己不断精进佛法修行。

"潜心学经修佛,是一名僧人最基本的所为。希望通过不断的修行,认真领会佛的见解与智慧,清净自身,利乐众生。"他说,再过几个月,自己将依照宗教仪轨,前往距离萨迦寺12公里、名为"卡吾思"的地方闭关修行数年,进一步净化身、口、意。

"我的父母认为,一家中有一人出家,就抵得过修一座金塔的功德,能够利益今生和来世。"出家十余年的土吉巴桑认真地说,今后要在深奥的佛教经典中不停地探索,做到心同佛法,发慈悲、利众生,传承好藏传佛教。

土吉巴桑家有11口人,父亲仁青年过五旬,母亲白玛旺姆也已近六旬。在父母眼中,他既是令人尊敬的藏传佛教僧人,也是孝老敬亲的好儿子。

每年冬季,土吉巴桑有20多天时间回家探亲,虽说他有好几个兄弟姐妹帮他尽孝,可在他心里,亲手为父母做一顿饭,是无人能代替的表达孝心最好的方式。

"每次回家路上,我会精心挑选一些村里很难见到的吃的带回去。回到家,每天做饭的活我全包了。当我把自己的拿手好菜和热腾腾的酥油茶端到父母面前时,心里很高兴。"他说,"虽然我已经出家,但仍然要孝敬双亲,平时我也会多修功德,求佛祖保佑父母身体健康,生活如意。"

如今,萨迦寺已覆盖3G信号,因此,土吉巴桑如寺庙大多数僧人一般,随身携带智能手机,聊天,发微博、微信,将其当作生活中学习、传播藏文化的好帮手。

"平时我用手机听一些反映西藏社会发展变化的歌曲，比如《天边的西藏》就很好听。我还下载了很多藏族文化艺术类的电子书。"说话间，他打开手机向记者展示一本名为《西藏建筑艺术》的电子书，"每次读到精彩的章节，我会分享到微信朋友圈里，并在评论栏里与朋友交流心得"。

"我的手机还装了藏文输入法，用藏文发微信、微博也很方便。"土吉巴桑说，藏文化深厚悠久，虽然自己是藏族人，但也有许多不了解的方面，所以在学经修行之外的时间，自己会尽可能多学习藏文化知识，将它们传播给更多朋友。

"我觉得，在互联网上转发一条藏文化艺术方面的信息或者一首藏族歌曲，让更多人了解到、感受到藏文化的魅力，这能够让我的生活更加精彩。"他说。

手机上的藏文输入法
（图片来源：中国西藏网）

四、背景知识：西藏的宗教与信仰

我国《宪法》规定，宗教信仰自由是公民的一项基本权利。西藏是一个藏传佛教、苯教、伊斯兰教和天主教等多种宗教并存的地区，在藏传佛教内部还存在不同教派。经过民主改革，西藏废除政教合一制度，实行政教分离，去除被封建农奴制度玷污了的东西，恢复宗教的本来面目，实现了真正的宗教信仰自由和不同宗教、不同教派间的宗教宽容。中央政府和西藏自治区政府充分尊重公民的宗教信仰自由权利，各种宗教、各个教派都平等地得到尊重和保护，正常的宗教活动和宗教信仰依法受到保护。

中央政府投入巨资对西藏的宗教场所进行维修和保护，对藏传佛教经典进行保护和整理，并将僧侣的生活纳入社会保障体系。目前，西藏自治区和7个地市均设有佛教协会。中国佛协西藏分会办有西藏佛学院、藏文印经院和藏文会刊《西藏佛教》。

哲蚌寺僧人在措钦大殿内举行传召法会（图片来源：中国西藏网）

寺院的壁画、雕刻、塑像、唐卡、经卷、法器、佛龛等宗教文化载体，得到保护和修缮。大量宗教文献典籍得到抢救、整理、出版。各寺庙的传统印经院得到继承和发展，现有木如寺印经院、布达拉宫印经院等大型传统印经院近60家，年印经卷6.3万种，民间经书销售摊点20家。同时，国家创办了中国藏语系高级佛学院，专门培养藏传佛教高级人才，西藏已有100余名活佛、高僧进入该院深造。寺庙学经、辩经、晋升学位、受戒、灌顶、修行等传统宗教活动正常进行。现在，全区有数百名宗教界人士当选为各级人大代表、政协委员、佛协理事，有的还在政府中任职。西藏自治区的佛教组织和宗教界人士曾多次出访外国，进行考察和学术交流与宗教活动，还接待了西藏朝佛、参观、考察的几十个团体和个人。

中央政府和西藏自治区政府充分尊重公民的宗教信仰自由权利，各种宗教、各个教派都平等地得到尊重和保护，正常的宗教活动和宗教信仰依法受到保护。在宗教管理上，国家坚持政教分离的方针，依法加强对宗教活动的管理，宗教不得干预国家行政、司法和教育，任何个人或组织不得利用宗教从事违法活动。自治区民族宗教事务管理委员会作为政府行政部门履行对宗教事务的管理职能，依法保护宗教信仰自由、正常的宗教活动和宗教团体合法权益，反对和制止一切在宗教外衣掩盖下的违法犯罪活动。

第二章
转世活佛

活佛转世制度为藏传佛教所特有。活佛，藏语称"朱古"，意思是佛的"化身"。按照藏传佛教的观点，那些佛学造诣精深的高僧大德在完成佛业圆寂后，灵魂又转生为新的肉身，继续完成弘法大愿、普度众生，这种转生为前世化身的人，称为前世的转世灵童，即此活佛的下一世。活佛转世的过程有一整套既定的仪轨和批准手续，是一个法定的程序，没有随意性。

一、故事：青春派大活佛闪亮登场

1."90后"班禅爱国爱教福佑众生

2014年5月18日，十一世班禅前往北京西黄寺中国藏语系高级佛学院
为僧俗信众摸顶赐福（摄影：胡青）

2009年3月28日，一名身穿红色袈裟，戴着眼镜的翩翩少年站上了第二届世界佛教论坛大会的讲坛，他出人意料地用英文发表了约5分钟的演讲，让与会的各国高僧和文化精英都感到"震撼"。他就是十一世班禅额尔德尼·确

吉杰布，中国藏传佛教的领袖、中国佛教协会副会长、全国政协常务委员。

2014年5月18日早晨六点左右，天气微凉，北京朝阳区安定门外黄寺大街仍然是一片宁静。西黄寺的门口已经聚集了30多位男女老少，手里拿着哈达和鲜花，他们听说十一世班禅今天要来，早早地就到黄寺的大门外等候。寺院里中国藏语系高级佛学院的师生们也一早就准备好仪仗，静候着班禅。

2014年5月18日，十一世班禅在北京西黄寺，中国藏语系高级佛学院所在地，为"拓然巴"学衔获得者摸顶赐福（摄影：胡青）

八点半，僧人吹响号角，接着所有的笙、箫、鼓、钹一同奏出庄严的法音。为班禅擎华盖的僧人站到了最前面，以迎接班禅下榻。朝拜活动开始后，班禅座下的高僧大德首先念诵了祈愿经咒。随后，班禅大师用藏文向僧众回敬对他的顶礼，并祝愿"拓然巴"高级学衔获得者和"智然巴"中级学衔获得者"精进修持、护国利民"。

紧接着，由来自甘肃拉卜楞寺的嘉堪布仓活佛代表全体僧人向班禅念诵祈祷词。念完祈祷词后，向班禅行三叩大礼，并上前敬献哈达。班禅则为之摸顶赐福。嘉木样活佛、珠康活佛和那仓活佛等高僧，尽管已是大活佛和善知识者，但在面对这位无量光佛的化身时，都毕恭毕敬地行大礼。三位活佛还代表全体僧众向班禅分别敬献了曼扎和象征佛陀身、语、意的佛像、经书和佛塔。班禅回敬以白色哈达和红色金刚结，为他们摸顶赐福。

2011年3月6日上午，十一世班禅参加全国政协宗教界委员分组讨论会。图为班禅与中国道教协会副会长、山东省道教协会会长刘怀元相互致意。（图片来源：中国西藏网）

在佛学院的僧人们朝拜班禅时，藏式罩楼外的空地上已经挤满闻讯赶来的俗家信众。他们在工作人员的指引下排好队，等待班禅大师的摸顶赐福。有的信众还带上了五六岁的孩子一同来朝拜班禅。当年幼无知的小孩儿懵懵懂懂地对班禅说"你好"时，"90后"班禅拍了拍孩子的头，笑着说"你好"。

2009年3月28日，十一世班禅额尔德尼·确吉杰布在第二次世界佛教大会上，用英语发表演说，引用佛祖的经文和宗喀巴大师的经典开示现代社会面临的环境恶化、贫富悬殊、金融危机、冲突战乱、恐怖袭击等各种弊端，教导佛教界信徒鼓励并引导现代的人们多行利他之善事。演讲震惊四座，一时成为美谈。香港媒体不吝赞美之词："身穿红色袈裟、戴着眼镜的翩翩少年雍容不凡、气质高雅。"报道说，与会的各国高僧和文化精英都感到"震撼"。在其坐床之后的十几年间，十一世班禅曾几次为灾区主持祈祷法会和捐款。2008年，他在北京雍和宫主持了为在四川汶川大地震中遇难同胞祈愿的法会。2014年8月，又在西藏扎什伦布寺举行祈祷法会，为云南鲁甸震区同胞祈福。2001年、2007年、2013年，十一世班禅作为宗教界的代表分别列席了中共十六大、十七大、十八大的开幕式。坐在人民大会堂会场上的十一世班禅神情肃然，体味着这份荣誉和信任。

在参加2014年两会期间接受采访时，他说："作为国家的一分子，爱国爱教是宗教人士以及信教群众的一项义务，不是一个单纯的政治见解。爱国不是口号，是要付出行动的。爱国方面，我们不能要求每个人都做出很大的事，但作为中华人民共和国的公民，必须要守法。作为一个宗教人士，要守规守戒。这是最基本的，如果做不到这个，就不是一个称职的公民，不是一个合格的宗教人士。"

这位"90后"的班禅用自己的行动和话语向他的信众、同胞与祖国证明，他已承担起了历代班禅的重任。

2. 第七世热振活佛：中国最年轻的政协委员

2014年8月，一个烈日炎炎的下午，色拉寺的僧人们照例在辩经场上修习辩经课程。前来参观的游客们走走停停，在辩经场周围的土路上围了一圈。相机的快门声此起彼伏，时不时还有闪光灯交织配合。凡夫俗子与世外修行之人如此近距离相处，却似乎没有互相干扰的意味。

"哎，你看那个小僧人还戴墨镜。"一个游客指着辩经场上的僧人说。

在这群小组辩经的僧人中，的确有一个看似很小甚至有点婴儿肥的戴眼镜的小僧人。但那不是墨镜，而是近视加散光的眼镜。这个小僧人就是17岁的第七世热振活佛。

热振·索朗平措来自拉萨市林周县热振寺，1997年出生于西藏那曲地区嘉黎县。他也是中国最年轻的政协委员。2013年1月，第七世热振活佛身着藏传佛教僧装出席在拉萨召开的西藏自治区政协十届一次会议上，成为西藏政协委员中年龄最小的一位。那也是他首次以委员身份亮相西藏政坛。

热振活佛在色拉寺的辩经场上（摄影：郭明慧）

热振活佛是西藏最有影响力的大活佛之一。热振活佛，又称热振呼图克图，是藏传佛教八大呼图克图之一，也是有资格在达赖喇嘛亲政前摄政的呼图克图之一。其驻锡寺为热振寺。热振寺是藏传佛教噶当派的祖寺，位于拉萨林周县北部，始建于1051年（宋仁宗皇祐九年），至今已有近千年的历史，比拉萨三大寺（甘丹寺、哲蚌寺、色拉寺）早350年以上。历史上，第五世热振活佛曾在1934年出任西藏摄政，并被南京国民政府授予"辅国普化禅师"称号。1941年，热振活佛被迫让位于达札活佛。

第六世热振活佛于1997年圆寂后，西藏自治区和拉萨市政府按照藏传佛教仪轨，成立包括高僧大德组成的转世灵童寻访小组，经过一年多一系列寻访，最终确认西藏那曲地区嘉黎县阿札乡牧民之子索朗平措为第七世热振活佛，并于2000年1月16日在拉萨大昭寺佛祖释迦牟尼像前举行了传承、剃度仪式。

在经师指导下认真学习的热振活佛（摄影：觉果）

经报请国家宗教事务局同意，并受国家宗教事务局委托，西藏自治区政府于2000年7月14日正式批准1997年10月13日出生于西藏嘉黎县的索朗平措继位为第七世热振活佛。

对于许多游客来说，第一次亲眼看到身着红色袈裟的藏族僧人激烈辩经的场面总是会很兴奋。有的还会煞有介事地用DV机录视频，自己冲着镜头做一番介绍，以便跟亲朋好友分享。在得知那位"戴墨镜"的小僧人是热振活佛后，我身边的几位年轻驴友简直欣喜若狂得要叫出声来，赶忙按快门，又掏出手机拍照发微博、微信："拉萨偶遇'95后'热振活佛，不胜欢喜，感沐佛恩，祈愿国泰民安。"

面对"粉丝"的追捧，第七世热振活佛似乎并没有被打扰到，仍旧在卡垫上正襟危坐，时而低头沉思，时而与提问者答对辩论，时而左顾右盼，像是在说服其他僧人同意自己的观点。

目前小活佛的主要任务是学习。除了学习佛经，他还要学藏语、汉语和英语。这位年轻的活佛很聪慧，已经在色拉寺的僧人辩经中获得认可。他立志要争取用5年的时间考取藏传佛教格鲁派最高的格西学位。

2010年6月6日,第十一世班禅额尔德尼·确吉杰布前往热振寺礼佛,第七世热振活佛洛珠加措·赤来伦珠出门迎接。两位小活佛行碰头礼并互赠了哈达,令在场僧俗信众无不为之振奋欣喜(图片来源:中国广播网)

二、讲述：活佛的世系传承

1. 活佛转世制度

佛教是世界上三大宗教之一，全球有10亿-15亿信徒，主要分布在亚洲各个国家。藏传佛教作为佛教的一个主要分支，具有很多自己的特色。其中最引人注目的，就是它的活佛转世制度。

在西藏，当某一教派的首领或著名高僧圆寂后，继承他的地位和权力的会是一个被认定是他的转世的儿童。这个儿童随后被迎请至前世高僧所在的寺院，坐床认证后，即开始接受精心培养，成长为新的宗教领袖。人们把这种传承方式，称为活佛转世。

据中国藏学研究中心宗教研究所所长李德成介绍，一般情况下，一个活佛圆寂以后，由他所在的寺庙向政府管理部门提出转世申请。"获批准后，组织一个寻访班子。由这个寻访班子按照特殊的宗教仪轨开始寻访他的灵童。"

为什么活佛转世制度会在西藏出现呢？

这与西藏特殊的历史环境有关。

佛教于7世纪初传入西藏，与藏民族本土文化和宗教习俗相融合，促进了西藏的发展，也成为藏民族传统文化的一条主线。

在遥远的过去，西藏各地的领主割据一方。为了巩固政权，他们一般都会扶植一个教派为自己做支撑。由此发展出了宁玛派、噶当派、萨迦派、噶举派和格鲁派（又名新噶当派）等几大教派。而中央政权

中国藏学研究中心宗教研究所所长李德成（图片来源：《讲述西藏》纪录片）

为了实现对西藏的主权管辖，也先后对不同的教派进行扶持。渐渐地，西藏形成了政教合一的制度。

在活佛转世制度创建以前，各大教派的传承主要是师徒传承和家族传承。但这种方式经常会因为宗教领袖的继承问题而引起争斗，导致教派内部分裂。为了避免内部纷争，同时又使教派实力得以延续，藏传佛教界将大乘佛教化身理论与政教首领直接融于一体，在他圆寂后便寻找转世继任者，使之世世相继，形成了活佛转世制度。

（图片来源：《讲述西藏》纪录片）

"在当时的历史条件下，它是比较有效地解决了领袖人物的继承问题的。"李德成说。

藏传佛教的活佛转世制度要追溯到13世纪的噶玛噶举派。在噶玛噶举派中，传承金边黑色僧帽的称为黑帽系，传承红色僧帽的，则为红帽系。活佛转世就是噶玛噶举派黑帽系的首创。

1283年，噶玛噶举派黑帽系高僧噶玛拔希圆寂，他在临终前对弟子邬坚巴说："我要暂时离开这里，我死后，在远方会出现一名继承黑帽派密法的传人，在他到来之前，你就暂时作为佛的代理。"说完，他把金边黑帽戴在邬坚巴头上。5年后，他的弟子在后藏贡塘地方寻找到了他的转世灵童，取法名攘迥多吉（又译饶迥多杰、绕迥多杰），这就是西藏第一次确认一个幼童为其前辈的转世，这也是藏传佛教历史上第一位转世活佛。后来，其他教派也开始采用活佛转世这一传承方式。

李德成教授指出："活佛转世除了能保持教派的团结和统一之外，在经济上也可以保持一种独立性，可以不被分割。另外，在宗教权力的过渡上也不至于出现一些大的波动。他的宗教权力也好,世俗权力也好,都会有一个合法的继承人,不会引起大的争议。"

15世纪时,藏传佛教中的格鲁派在西藏地区兴起。为了不断增加教派的凝聚力,格鲁派也逐步采用了以活佛转世的方式来传承宗教权利,最早出现了达赖喇嘛、班禅喇嘛等转世系统。

1653年,五世达赖喇嘛应召到达北京朝觐清朝顺治皇帝,顺治皇帝正式册封了达赖喇嘛封号,并赐金册、金印。从此达赖喇嘛的封号得到中央政府的正式确定(图片来源:《讲述西藏》纪录片)

宗教势力的发展是与中央政府的扶植密不可分的。第五世达赖喇嘛阿旺·罗桑嘉措是藏传佛教史上的关键人物。1642年,李自成的起义军声势浩大,明朝政府岌岌可危,但具有敏锐政治眼光的五世达赖喇嘛,却上书清太宗皇太极,表示恭顺。当清朝最终取代明朝统治全国时,格鲁派便也迎来了一个全新的局面。1653年,五世达赖喇嘛应召到达北京朝见顺治皇帝,顺治皇帝正式册封了达赖喇嘛封号,并赐金册、金印。从此达赖喇嘛的封号得到中央政府的正式确定。

"在正式确认了他这个封号以后,历世的达赖喇嘛都必须经过中央政府册封认定才行。这个历史定制就这样形成了。在北京雍和宫有个石碑,上面刻有乾隆皇帝的《喇嘛说》,讲的就是金瓶掣签和中央册封的历史定制。"

李德成说。

1713年，康熙皇帝正式册封格鲁派的另一个转世活佛系统，即班禅系统。由此，达赖和班禅两个活佛转世系统借助中国皇帝的力量，确立了在藏传佛教中的统治地位。在中央政权的支持下，驻在布达拉宫的达赖和驻在扎什伦布寺的班禅，分别管理前藏和后藏。

但是，西藏各教派纷争激烈，诸多蒙古王和西藏地方势力用各种办法控

1653年清顺治皇帝册封达赖的金册、金印（图片来源：《中国西藏基本情况丛书——西藏的故事》）

顺治皇帝册封五世达赖为"西天大善自在佛所领天下释教普通瓦赤喇怛喇达赖喇嘛"

制西藏的大活佛，以便扩张势力，活佛的转世灵童常常被一些势力操纵。他们通过贿赂等手段将活佛的转世灵童掌握在自己手里，几个不同教派的大活佛同出于一个家族的现象。

李教授说："在确立了活佛转世制度以后，从表面上看是解决了领袖人物的继承问题，避免了人为操作。但是活佛转世制度没有规范化、法制化之前，仍然避免不了人为操纵。"

1791年，尼泊尔的廓尔喀人入侵西藏，将扎什伦布寺洗劫一空。清朝在接到西藏地方政府的报告后，立即征调军队进藏，迫使投降求和。鉴于西藏地方制度的诸多问题，1793年，清政府正式颁布《钦定藏内善后章程二十九条》，对西藏的宗教事务、外事、军事、行政和司法做出了详细的规定。

《钦定藏内善后章程二十九条》的第一条就明确规定了在呼图克图以上的大活佛转世，包括达赖、班禅，要采取金瓶掣签制度。这样就从法律上把金瓶掣签制度固定下来，成为活佛转世必须遵循的宗教仪轨和历史定制。

按照金瓶掣签制度，在认定灵童时，如果寻访到多名候选灵通，则将灵童的名字及出生年月写在签牌上，放进瓶内，于大昭寺的释迦佛像前念经祈祷后，掣签选定，再由驻藏大臣和各呼图克图等大活佛正式认定。"掣出来的、中签的这个灵童，还要经中央政府批准才能继任为上一世活佛的转世，才能举行坐床典礼。"李德成说。

1793年，清政府正式颁布《钦定藏内善后章程二十九条》，对西藏的宗教事务、外事、军事、行政和司法做出了详细的规定。
（图片来源：《讲述西藏》纪录片）

金瓶掣签制度实施以后，活佛转世制度经过几百年的发展，形成了一套规范完整的宗教程序，避免了在转世灵童的确认上引起一些弊端。

乾隆皇帝为此御制的金瓶共有两个：一个放在拉萨大昭寺，专门供西藏掣签确定大活佛转世灵童；另一个放在北京雍和宫，专供内外蒙古地区和青海、甘肃等地掣签大活佛转世灵童用。

"藏传佛教活佛转世制度的产生是非常重要的。它既保持了这种教权的正常传承，同时也保持了一个派系的正常传承，然后自然形成了一个体系。所以我觉得活佛转世就是藏传佛教最成功的一面，也是藏传佛教能够不断地弘扬，不断地壮大的一个最重要因素。"中国藏学研究中心研究员周炜说。

李德成补充强调："在活佛转世的过程中有几个原则：一是必须坚持宗教仪轨，按照宗教仪轨来寻访认定转世灵童；二是要按照历史定制，特别是政府批准认定的原则必须坚持。历史上也是这样的，尤其是达赖、班禅这些比较有影响的大活佛，在历史上都是很好地坚持了这一原则。"

1933年，十三世达赖喇嘛圆寂。1940年2月，经当时中华民国中央政府批准，出生在青海省祁家川当采村的拉木登珠（又译拉木顿珠），特准继任为第十四世达赖喇嘛，法名丹增嘉措。由于拉木登珠是寻访到的唯一灵童，

金瓶掣签（图片来源：《讲述西藏》纪录片）

特免予掣签。由中华民国派专员入藏，主持了十四世达赖喇嘛的坐床大典。

如今，在藏传佛教中大概有近两千名转世活佛，他们一直按照各自的转世系统传承着他们的信仰。藏区的百姓仍然是藏传佛教虔诚的信徒，千百年来，在活佛的转世中，见证着这片土地的过去与未来。

1839年，清朝道光皇帝敕封第十一世达赖喇嘛的金册（图片来源：《讲述西藏》纪录片）

2. 班禅活佛的传承体系

西藏民间有一个谚语：天上太阳月亮，地上达赖班禅。说的是藏传佛教最有影响力的两大活佛传承体系。至于达赖、班禅两位活佛的佛位高低，就像太阳月亮不能比高下一样，达赖、班禅也没有高下之分。单就政治权力而言，过去达赖应该更高些，因他主管全藏政务，而班禅只管理后藏，他的驻锡寺是后藏扎什伦布寺。

班禅与达赖都是格鲁派最大的活佛传承世系。班禅额尔德尼，被称为无

2014年7月13日，西藏日喀则扎什伦布寺首次展出了未来佛堆绣唐卡，长约40米，宽29米，由25个裁缝和许多画师用7个月时间共同完成，是专门为祝贺第十一世班禅25周岁生日而制作的（摄影：杨旭）

量光佛的化身，也是藏传佛教最大活佛之一。从第一位班禅活佛的出现，传承至今已有十一世了。

"班"为梵文"班智达"，即学者；"禅"，藏语意为"大"，"班禅"

即大学者的意思。

"班禅"的名号始于1645年。蒙古和硕特部的固始汗在推翻西藏当时的藏巴第悉政权后,按照俺达汗赠给索南嘉措达赖喇嘛尊号的前例,给扎什伦布寺的寺主洛桑曲杰(1567年——1662年)赠送了"班禅博克多"的称号,班禅转世体系至此正式建立起来。宗喀巴的弟子克珠杰(1385年——1438年)被追认为第一世班禅。洛桑曲杰生于后藏西部兰周甲的一个藏医世家,是第四世班禅。

1603年,四世达赖被迎至三大寺,洛桑曲杰应邀请为其传授沙弥戒和比丘戒,从此开创了达赖、班禅互拜长者为师的先河。

不幸四世达赖早逝。经哲蚌寺和色拉寺僧众的再三请求,洛桑曲杰又替达赖担任了这两寺的十四任、十六任法台,确立了班禅体系为格鲁派宗教领袖之一的地位。

洛桑曲杰96岁时在扎什伦布寺圆寂,扎什伦布寺为其修建了第一座肉身灵塔。从此,正式开始了班禅活佛的转世制度。

1713年,清朝政府正式册封五世班禅罗桑益西为"班禅额尔德尼",并依例赐给金册、金印
(图片来源:中国广播网)

但"班禅额尔德尼"的封号始于第五世班禅洛桑益西（1663年—1737年）。他出生于西藏日喀则南木林县土布加区出仓村。五世班禅时期，康熙帝曾5次邀他进京，但因种种原因未能成行。1713年清中央政府派钦差至扎什伦布寺，照封达赖之例，封五世班禅为"班禅额尔德尼"并赐金册、金印。"班禅额尔德尼"的封号从此成为班禅转世体系的正式称谓。同时，它也标志着班禅活佛转世体系在宗教和政治上取得了与达赖喇嘛转世体系相等的地位。

1737年藏历七月初五，75岁的五世班禅在扎什伦布寺圆寂。寻访到转世灵童后，由乾隆皇帝降旨批准该幼童继任六世班禅。

五世班禅洛桑益西像（图片来源：《讲述西藏》）

1779年，乾隆批准六世班禅班典益西（1738年—1780年）进京祝寿。这年藏历六月十七日班禅僧俗百官离开扎寺，开始了他的祖国内地之行。经过一年多的旅行，其间在塔尔寺、五台地山佛教圣地讲经传法，深受欢迎。1780年驻在北京西黄寺时，班禅感到身体不适，面部出现微红小斑。乾隆皇帝得知后立刻派御医看视，诊断为天花。十一月初一下午4时，六世班禅圆寂。1782年，乾隆皇帝为纪念六世班禅，在他生前居住过的西黄寺建汉白玉衣冠塔，取名清净化城，也就是现在西黄寺内的"班禅塔"。而西黄寺现在也是中国藏语系高级佛学院所在地。

北京西黄寺内的"班禅塔",六世班禅衣冠冢(图片来源:《讲述西藏》纪录片)

说起班禅与达赖喇嘛的师徒关系,就不得不谈第七世班禅喇嘛丹白尼玛(1782—1853年),他曾担任过三世达赖喇嘛的师尊。

七世班禅出生于西藏白朗县吉雄乡雄喜家。在他少年时期,发生了廓尔喀两次侵藏事件。廓尔喀是尼泊尔王国的一个民族,尼泊尔毗邻中国西藏地区,历史上常年以谷物与西藏食盐进行贸易。乾隆五十三年(1788年)到五十六年(1791年),廓尔喀两次大举入侵西藏。乾隆皇帝派福康安率重兵进藏,收回失

1791年廓尔喀人入侵西藏,劫掠扎什伦布寺(图片来源:《讲述西藏》纪录片)

地，迫使廓尔喀投降，退回所掠扎什伦布寺金册和部分财物，具结永不犯藏。此后班禅参与了乾隆皇帝下旨制定的钦定章程的工作，并表示"一俟大皇帝核定，即永远遵照办理"。

《钦定藏内善后章程二十九条》的第一条就明确规定了在呼图克图以上的大活佛转世，包括达赖、班禅，要采取金瓶掣签制度。

1804年八世达赖喇嘛圆寂。因九世、十世、十一世达赖寿命都很短，七世班禅三次主持达赖喇嘛的转世工作，并为他们剃度、受戒、取法名。班禅与达赖的师徒关系从此建立。

《钦定藏内善后章程》（图片来源：《讲述西藏》纪录片）

1853年正月初九，七世班禅圆寂于扎什伦布寺，享年72岁。咸丰皇帝特派醇亲王到扎寺致祭，表彰其拥护中央朝廷，维护国家统一，维护西藏安定团结的功绩。

随着清廷国力衰退，对西藏无暇多顾，加之三辈达赖连续早逝，西藏政教领导核心受损，英国复施以挑拨离间，拉萨先后发生了哲蚌寺僧众与摄政热振之间的尖锐斗争、色拉寺僧抢劫钦犯基巧堪布事件以及甘丹寺僧杀死两名革职噶伦并聚众抗拒事件。这三大事件先后历时多年，对西藏的稳定影响很大。

第八世班禅丹白旺久（1854—1882年）也因研习宁玛派教典引起扎寺不少僧众的不满，他思想负担日益沉重，身心渐衰，疾病缠身。1882年初，班禅病情加重，延至7月15日不幸圆寂，时年

在大昭寺的金瓶，用于掣签西藏自治区内的大活佛（图片来源：《讲述西藏》纪录片）

28岁。八世班禅是金瓶掣签制度颁布以后班禅世系第一次寻访认定的转世灵童。

1903年英国发动第二次侵藏战争，九世班禅和十三世达赖团结一致领导了这场抗英战争，但终于失败。达赖于拉萨陷落前出走外蒙古大库伦。清廷降旨暂行革去达赖名号，由九世班禅代行其职权。班禅以身居抗英前线、无法离开而坚辞不就。1909年达赖返藏抵达那曲时，班禅亲去迎接。达赖因受英国挑拨，对班禅态度冷淡。次年达赖逃亡印度，请求英国庇护，清廷又令班禅代理，班禅仍"坚决辞谢"，未就。

1911年冬天，噶厦在日喀则增设基宗（后藏总管），强行接管扎什伦布寺所属庄园牧场，同时又要扎寺负担25%的军费。为此事班禅派扎寺主要官员找噶厦交涉。可是官员们一到拉萨就被逮捕入狱。班禅看到不仅他的固有地位与职权无法保证，连生命也有危险，便于11月15日夜离开扎寺，出走祖国内地。

这一走他就再也没能回来。1937年12月1日圆寂于玉树大寺甲拉颇章宫，享年54岁。国民政府追封九世班禅"护国宣化广慧大师"，派特使戴传贤致祭。大师法体于1941年迎抵扎什伦布寺建灵塔祀殿，供奉和纪念这位杰出的反帝爱国领袖。

第十世班禅额尔德尼·确吉坚赞，于藏历第十六饶迥土虎年（1938年）在青海循化县文都乡玛日村出生，家人为他起名为宫保慈丹。1949年6月3日，国民党中央政府批准其为第十世班禅的转世灵童，并于同年8月派赴青海塔尔寺主持坐床大典。1989年1月，十世班禅大师在举行完班禅东陵扎什南捷开光典礼后，因劳累而突发心脏病，于1月28日20时16分在他的驻锡地溘然辞世。

中国共产党给了他很高的评价：班禅额尔德尼的一生，是为维护祖国统一而奋斗不息的一生，是为国家的富强和民族的繁荣而辛勤操劳的一生，是同中国共产党真诚合作、肝胆相照的一生。他不愧是一位伟大的爱国主义者，著名的国务活动家，中国共产党的忠诚朋友，中国藏传佛教的杰出领袖。

6年后，通过金瓶掣签，第十一世班禅额尔德尼在扎什伦布寺坐床。

十一世班禅额尔德尼·确吉杰布原名为坚赞诺布，1990年2月13日出生

20世纪50年代初期,十世班禅额尔德尼敬献给毛泽东主席的硝石雕刻如意(摄影:杨旭)

在西藏自治区嘉黎县一个普通藏族家庭。坚赞诺布出生前后出现了许多吉兆。其中有一天,母亲桑吉卓玛出外,将孩子放在一位老师家,老师在无意间发现坚赞诺布的舌头上有一个白色的藏文楷书字母"阿"。在藏传佛教里,这是一个神圣的符号,代表了佛的化身。按照宗教仪轨秘密寻访十世班禅转世灵童的人员根据十世班禅大师的逝相以及观湖、占卜所得结论,有了转世灵童诞生的大致方向,当他们得知有关坚赞诺布的传闻后,开始进行核查、问试。经过反复验证、卜算等一系列程序,坚赞诺布被选定为数名候选男童之一。

1995年11月29日,第十世班禅大师转世灵童的金瓶掣签仪式在拉萨大昭寺释迦牟尼佛像前隆重举行,年仅5岁的坚赞诺布,被法断为十世班禅转世真身,继任为第十一世班禅额尔德尼,并取法名:吉尊·洛桑强巴伦珠确吉杰布·白桑布。经中央政府批准认定,1995年12月8日,第十一世班禅在西藏日喀则市的扎什伦布寺正式坐床继位。现如今,这位"90后"班禅除了履行藏传佛教领袖的宗教职责外,还担任全国政协常委和中国佛教协会副会长的职务。

1995年12月8日，十一世班禅在国务院代表、中共中央政治局委员、国务委员李铁映的照护下坐上法床（图片来源：《讲述西藏》纪录片）

3. 达赖喇嘛的传承体系

达赖喇嘛是格鲁派最大的活佛传承世系之一，从第一位达赖喇嘛的出现传至现在，已经十四辈了。

格鲁派祖师宗喀巴大师有著名弟子135名，主要的弟子除贾曹杰外，还有克珠杰和根敦珠巴两人。克珠杰后来被追认为第一世班禅，而根敦珠巴则被追认为第一世达赖喇嘛。

根敦珠巴的转世是根敦嘉措，根敦嘉措的转世是索南嘉措。达赖喇嘛的称号就是从索南嘉措时才有的。

1588年，索南嘉措去世。1592年，西藏三大寺派出代表到内蒙古确认生于内蒙古土默特部俺达汗贵族之家的云丹嘉措为第四世达赖的转世灵童，并于1602年迎往西藏。云丹嘉措1593年在热振寺坐床，在哲蚌寺拜甘丹池巴（又作：赤巴）为师，受沙弥戒。后来又拜第四世班禅为师，26岁随父受比丘戒。

1616年第四世达赖喇嘛在哲蚌寺突然死去，成了政治斗争的牺牲品，他

布达拉宫，供有历世达赖喇嘛的灵塔，也是自五世达赖喇嘛以后，历辈达赖的冬宫和政教合一的旧西藏的权力中心（摄影：田春艳）

圆寂时，年仅28岁。一直到第五世达赖阿旺洛桑嘉措（1617—1682年），达赖喇嘛才声誉如日中天。

五世达赖出生于前藏山南穷结的一个贵族家庭，俗名贡嘎拉孜。他9岁时拜四世班禅为师，受沙弥戒，14岁受比丘戒。当时噶举派在政治上仇视和压制新兴的格鲁派，于是格鲁派和势力强大的和硕特部落的固始汗联合，并由固始汗率领一支强大的军队入藏，杀掉了当时统治西藏的藏巴第悉政权，统一了前后藏，并在日喀则城堡举行盛大仪式，将西藏十三万户献给五世达赖喇嘛。从此五世达赖成为西藏至高无上的宗教领袖和政治领袖，建立了甘丹颇章政权。

1652年，在清朝建立不久，五世达赖动身到北京朝见，清中央政府正式封他为"西天大善自在佛所领天下释教普通瓦赤喇怛喇达赖喇嘛"的封号，并赐金印、金册。从此达赖喇嘛的封号以及其在西藏的宗教地位，得到了中央政府的承认和确立。

五世达赖喇嘛灵塔（图片来源：网络图片）

1682年五世达赖在布达拉宫圆寂，享年66岁。

六世达赖仓央嘉措（1683—1706年）的一生与前几位达赖喇嘛完全不同，他的所作所为为后来历世文人所津津乐道，而他的圆寂也像他奇特的生活一样充满了不解之谜。仓央嘉措生于西藏南部门隅地区的一个农民家庭。尽管在他2岁时就被秘密认定为五世达赖的转世灵童，但因为政治的原因在15岁之前，他一直同父母生活在一起，像普通孩子一样度过了自己的童年。1698年仓央嘉措被迎进了布达拉宫，登上了达赖喇嘛的宝座，并随班禅受戒出家。不幸的是这位达赖不喜欢深宫密室里的修行和黄教领袖的生活，他经常微服夜行，甚至在外面寻芳猎艳，并且用一些美丽的情歌来表达自己的感受。这些是政治斗争的很好口实，在他的支持者第巴桑结嘉措失败后，他以"耽于酒色，不守清规"而遭到废立，并在被解送北京的途中圆寂。

七世达赖格桑嘉措（1708—1757年）生于西康理塘寺附近，理塘寺护法神言其为达赖转世，传遍卫藏。六世达赖生前也有一首诗歌："洁白的仙鹤，请把双羽借我；不到远处去飞，只到理塘就回。"信众也认为他就是第六世达赖的转世。12岁，受清王朝康熙帝降旨认可与册封。后出现了郡王珠尔默特那木扎勒叛乱的事件。乾隆派清军平定叛乱后，于1751年下令由第七世达赖喇嘛亲自掌握西藏地方政权。准确地说，黄教的政教合一的地方政权正是从这一年开始的，从此，由四名噶伦掌管的噶厦政府归于达赖的统治之下。西藏地方的僧官系统和俗官系统也从此时逐渐发展起来。

六世达赖喇嘛像（图片来源:《讲述西藏》纪录片）

八世达赖强白嘉措（1758—1840年）生于后藏托布加地方，拜六世班禅为师，受沙弥戒，23岁时受乾隆之命亲政。八世达赖时期，是清朝中央治理西藏的全盛时期，继平定廓尔喀侵藏事件后，又颁布了《钦定善后章程二十九条》，西藏局势稳定，国泰民安。八世达赖47岁时，圆寂于布达拉宫。其家族称为"拉鲁"，为西藏一大贵族。

从五世达赖喇嘛以后，西藏就逐步形成这样一个传统，一个幼儿被认为为达赖转世灵童后，经过坐床、受戒和多年佛学教育后，到18岁就能亲政，掌管政教权力。可是从五世达赖后能登上宝座，较长时间执掌西藏政教大权的，只有4位：七世、八世、十三世、十四世。

达赖是统治西藏的政教领袖，但事实上还有一个人分享他的政治权力，这就是摄政王。摄政王一般是在一个达赖圆寂而另一个还未达到亲政年龄的情况下，由中央政权选派在西藏有影响的高僧担任的。这位摄政一方面要代理达赖喇嘛行使权力，另一方面要负责达赖灵童的寻访事宜，一直到下一世达赖亲政后,他们才退出政治舞台。因此一旦一位达赖要亲政了,就意味着摄政王的权力要失去了,于是就在新的一世达赖亲政前后想方设法加害他们,民间此类的传说很多。

有学者作过统计,自1661年达赖五世参政至1959年西藏发生叛乱,达赖十四世出逃印度的299年中,历代达赖喇嘛一世至四世并未亲政,从达赖五世至十四世实际亲政仅77年,仅占三个世纪的四分之一时间,十位达赖喇嘛人均执政不到8年。这当中亲政时间最长的是十三世达赖喇嘛土登嘉措,达30年。

十三世达赖喇嘛 (图片来源:新华网)

十三世达赖土登嘉措(1876—1933年)生于拉萨东南达布地区朗敦农家。他生活的年代正值风云变幻,外患内祸。他作为西藏地方的宗教政治领袖,既要维护西藏的利益,保证西藏地方的稳定和安全,又要协调好与中央和其他地方的关系。在这种大动荡时代中,他始终坚持了爱国主义的立场。

1933年,十三世达赖喇嘛58岁时在布达拉宫圆寂。十三世达赖的家族叫朗顿,也是西藏的一大贵族。

十四世达赖丹增嘉措(1934年——)生于青海湟中县祁家川当采村。1939年由当时的国民政府批准,免于金瓶掣签。1950年10月西藏昌都解放,11月14日年仅15岁的第十四世达赖喇嘛提前亲政。1951年中央政府和西藏地方签订了《和平解放西藏的十七条协议》,从此西藏和平解放。1954年十四世达赖参加了第一届全国人民代表大会,当选为全国人大常委会副委员长。1959年,西藏上层分子发动叛乱,挟持达赖逃往国外,至今仍在国外从事分裂西藏的活动。

1954年9月11日，毛泽东主席接见了十四世达赖喇嘛和十世班禅额尔德尼
（图片来源：新华网）

三、编辑视点：说说关于十四世达赖喇嘛的那些事儿

如果要探究20世纪80年代在西藏发生的骚乱事件、2008年拉萨"3·14"事件以及2012年发生在藏区的自焚事件等的背后成因，我们就需要回溯一段漫长的历史。

20世纪30年代，西藏历史上有几件事影响深远。1933年，十三世达赖喇嘛圆寂。次年，热振活佛被推举为摄政，掌管西藏政教事务。1936年秋天，三支寻访达赖喇嘛转世灵童的队伍从西藏拉萨出发。第二年，其中的一支寻访队伍来到青海的一个小村庄——距离拉萨将近两千公里的湟中县当采村，在这里，他们发现了一个灵异的幼童——拉木登珠。

"一看这个小孩呢，确实可能有点不寻常，比其他小孩聪明，然后说是见了寻访的人员之后好像似乎认识似的，不认生。"中国藏语系高级佛学院教授刘洪记讲述。拉木登珠出生在一个藏族农民家庭，此时刚刚两周岁。

寻访转世灵童有一套神秘复杂的宗教程序。拉木登珠通过了这些测试，灵童身份便得以确立。1939年7月，拉木登珠在一支500人的卫队护送下出发了。三个月后到达拉萨。至此，寻访灵童历时整整三年。

按照西藏传统，转世灵童必须经过坐床典礼，才能成为继任的达赖喇嘛。在西藏噶厦政府的邀请下，国民政府指派蒙藏委员会委员长吴忠信抵达拉萨，主持坐床典礼。吴忠信验看了灵童，并上报中央，同意对灵童免予金瓶掣签。

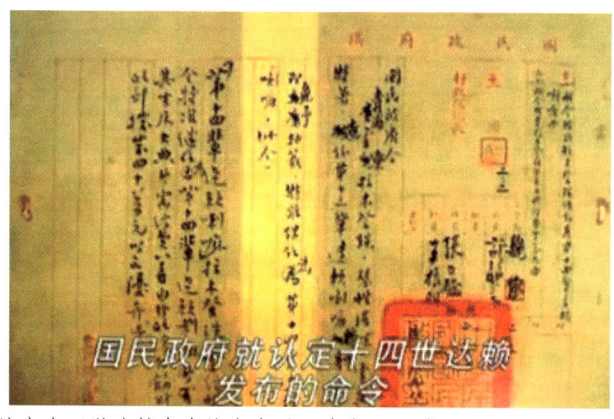

国民政府就认定十四世达赖发布的命令（图片来源：《讲述西藏》纪录片视频截图）

据刘教授介绍，国民政府拨了四十万大洋作为整个认定和坐床活动的一些经费。"这也证明十四世达赖喇嘛的坐床认定完全是在民国中央政府的支持、认可下实现的。如果要是没有任何关系，国民政府不会给他拨这个钱，他也不会有这个报告的往来。这一点也能体现出，民国时期的西藏也是在国民政府的管辖范围之内的。"

1940年2月，坐床典礼在布达拉宫东大殿举行。转世灵童坐在历代达赖喇嘛坐过的金座上完成仪式。5岁的

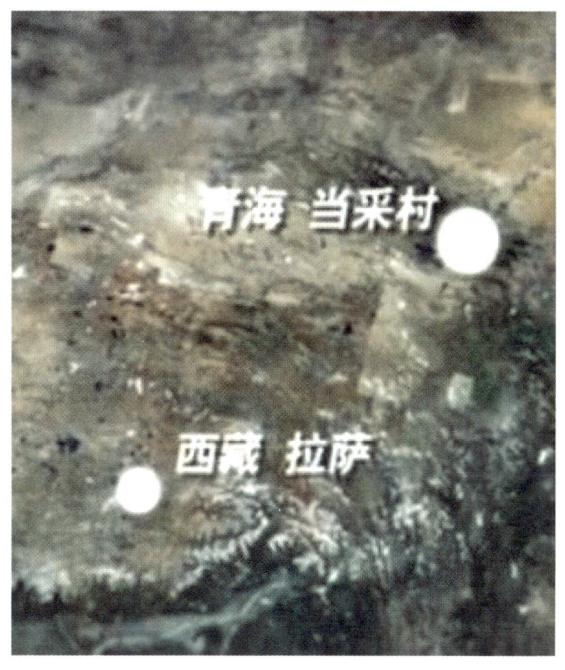

第十四世达赖喇嘛诞生地，青海湟中县当采村（图片来源：《讲述西藏》纪录片视频截图）

拉木登珠正式成为第十四世达赖喇嘛丹增嘉措。随后，他便在众多老师的精心培养下等待18岁亲政的日子。

热振活佛与达扎活佛（图片来源：《讲述西藏》纪录片视频截图）

在十四世达赖喇嘛接受培养的那段时间里,西藏噶厦政府又出现了很多变故。首先是达扎活佛代替热振活佛出任新的摄政。"当了摄政以后他做了几件事情。第一就是把五世热振活佛害死,而在害死五世热振活佛之前先把达赖喇嘛的生父给害死了。之后,达扎采取行动,希望废除十四世达赖喇嘛,重新培养一位接班人。"中国藏学研究中心研究员王小彬介绍。刘洪记教授补充道:"如果说按照往常正常的那种环境的情况下,十四世达赖能不能亲政、能不能存活下来都很难讲。"

1949年,新中国成立。为了阻止解放军进藏,达扎向国外派出使团寻求援助,同时将藏军部署在金沙江沿岸。1950年,解放军向西藏前进。10月份,昌都战役打响。新的形势下,达赖喇嘛的政治生涯有了转机。

据中国藏学研究中心王小彬介绍,1950年中央政府在多次派遣代表团进行劝和没有达到实际效果的情况下,在西藏的东部昌都发动了昌都战役,目的是以打促和、以打求和。"这就给了十四世达赖喇嘛的政治生命一个转折点。昌都战役以后,西藏的内部上层发生了权力分化。主战的这一派处于下风,主和的这一派占了上风,然后十四世达赖喇嘛提前亲政——就是他还不到法定年龄18岁,而是在16岁的时候提前亲政。"

在和谈的呼声下,达赖喇嘛派出代表,赴北京谈判。1951年5月23日,经过近一个月的谈判,双方签署了和平解放西藏的《十七条协议》。这年10月,达赖喇嘛致电毛泽东主席,表示将"积极协助人民解放军进藏部队,巩固国防","保护祖国领土主权的统一"。随后,解放军进驻拉萨,西藏和平解放,

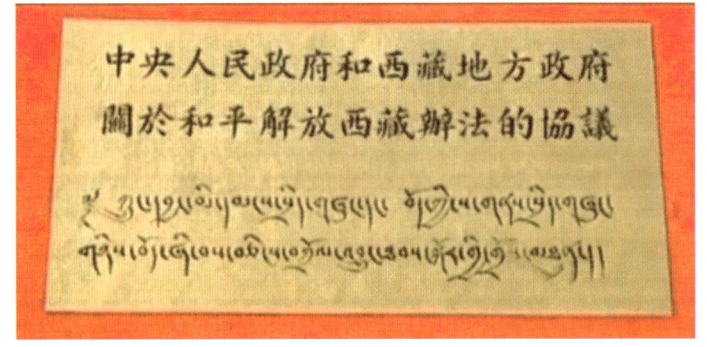

《中央人民政府和西藏地方政府关于和平解放西藏办法的协议》,
又称《十七条协议》(图片来源:网络图片)

历史翻开新的一页。

1951年，就在《十七条协议》签署期间，美国对西藏给予了密切关注。在当时的国际形势下，中苏结盟，美国不希望看到一个新兴统一的社会主义中国的存在。有资料显示，1951年，美国驻印度大使韩德逊多次给达赖喇嘛捎去密信和口信，劝说达赖喇嘛否认《十七条协议》，流亡国外，组织抵抗运动。并表示美国愿意给予其援助。在争论和权衡中，达赖喇嘛选择回到拉萨，拥护中央政府的领导。

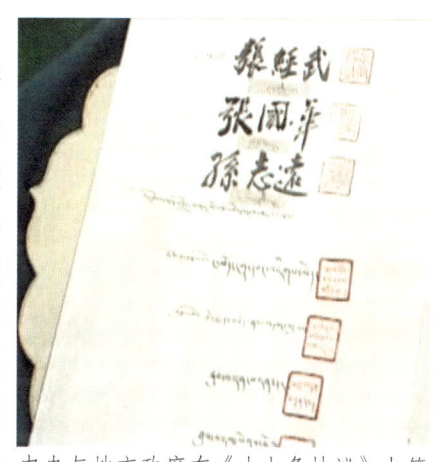

中央与地方政府在《十七条协议》上签字（图片来源：中国西藏网）

王小彬认为，整个50年代十四世达赖喇嘛的西藏地方政府和中央政府的密切合作是建设性的。"这种合作关系产生的结果也是非常好的。在这期间的八年当中，人民解放军进入西藏以后，以开展上层爱国统一战线工作为主，兼做影响群众工作，使得这《十七条协议》得到了比较好的贯彻和执行。整个50年代，这种合作是双赢的。"

1950年10月，达赖喇嘛致电毛泽东，表示将"积极协助人民解放军进藏部队，巩固国防"、"保护祖国领土主权的统一"。图片来源：《讲述西藏》纪录片视频截图

1954年，达赖喇嘛和班禅喇嘛到北京参加第一次全国人民代表大会，他们受到了热烈的欢迎。在会上，达赖喇嘛被选为全国人大常务委员会副委员长，他作了热情洋溢的发言。在中南海，他和毛泽东主席多次会面，就像很亲密的老朋友。会议结束后，达赖喇嘛和班禅喇嘛到全国各地参观游历了几个月时间，新中国新兴的气象感染着他们。年轻的达赖喇嘛多次表示，他将致力于西藏的建设。回到拉萨后，他还写了《毛主席颂》，表达自己对毛泽东主

1952年十四世达赖喇嘛敬献毛主席的礼品是用汉藏两种文字撰写的"毛主席万岁"锦旗（图片来源：网络图片）

席诚挚的祝愿。

据原西藏工委统战部部长陈竞波介绍,年轻的十四世达赖很爱学习、很聪明。"我的看法就是,这个人可好可坏——周围经常有好的东西,他也可以变成一个进步一点的人士;如果是反动的、坏的,那样他也可以变坏。事实已经说明了嘛。"

一些不和谐的因素开始悄悄地影响着达赖喇嘛。

根据《十七条协议》,"对于西藏的现行政治制度,中央不予变更"。"有关西藏的各项改革事宜,中央不加强迫"。但是,对于西藏落后黑暗的农奴制度,中央希望地方政府能主动进行改革,顺应人民的改革要求。

王小彬说:"《十七条协议》签订的时候,中央在西藏的民主改革的问题上是留有余地的。西藏地方虽然是暂时原有社会政教制度不变、暂时予以保持,但是从来没有说西藏不搞民主改革。而是说,当人民群众有了民主改革的要求的时候,西藏的上层得进行民主改革。"当西藏周边藏区进行民主改革的消息传到拉萨后,引起了西藏上层的恐慌。"尤其像四川、青海这些地方实行民主改革的消息传到西藏以后,西藏的上层就比较顾虑。从本质上讲,他们不愿意进行民主改革。"

1956年,达赖喇嘛应邀到印度参加"释迦牟尼涅槃2500年纪念活动",一些主张"西藏独立"的言论再一次聚集在达赖喇嘛周围,人们鼓动他留在印度,他开始动摇犹豫了。当时在印度访问的周恩来三次找达赖喇嘛会谈,在周恩来的劝说下,达赖喇嘛犹犹豫豫地回到了拉萨。

达赖喇嘛的两个哥哥(图片来源:《讲述西藏》纪录片)

也就在这一时期，美国开始直接插手西藏事务。美国中情局招募藏族特工，组建"康巴游击队"，让他们在台湾地区和美国受训，再派回西藏。其中，特工的组织者就是达赖喇嘛的两个哥哥——晋美土登偌布和嘉乐顿珠。很快，这些人就在西藏煽动和组织叛乱。

"在平息叛乱的问题上，十四世达赖喇嘛采取两面手法。一方面，他也责令噶厦平息局部叛乱，他想把这个叛乱控制在一定的范围内；另一方面用小的、局部的、零星的这种小的叛乱，来要挟中央政府不能在西藏搞民主改革，不然底下反对。第二，实际上他心理也非常清楚，叛乱一旦发生到连他自己也无法驾驭的时候，那么中央政府肯定在这个地方要进行平息叛乱，那么平息叛乱的同时就要进行民主改革。"王小彬介绍道。

情况愈演愈烈，形势很快失去控制。1959年3月9日，拉萨谣言四起，说达赖喇嘛到军区礼堂看戏将被劫往北京。

3月10日，数千名叛乱分子包围了拉萨，公开宣布"西藏独立"。

3月17日，达赖喇嘛化装出逃，离开拉萨。

3月22日，拉萨叛乱被平息。

3月26日，达赖喇嘛在逃亡途中宣布"西藏独立"，成立"西藏临时政府"。之后，他逃往印度，驻扎在印度北部的达兰萨拉小镇，开始了长达半个多世纪的流亡生涯。

然而就在十四世达赖喇嘛叛逃之后，中央政府仍然对他留有余地。对此，王小彬的解读是："留有余地有这么几个方面：第一，他在叛逃的过程当中，实际上中央政府是掌握他的行踪的。邓小平同志后来也讲过，如果想打的话他根本跑不出去。所以首先在他的生命安全上我们留有余地。第二个留有余地是说，保留达赖喇嘛的全国人民代表大会常务委员会副委员长的职务，以及西藏自治区筹备委员会的主任委员的职务，一直保留到1964年。"

20世纪80年代改革开放后，中央鼓励流亡藏胞回国探亲、定居，达赖也多次派出代表团回国。

"改革开放以后呢也出现了一些问题，主要的问题就是达赖集团利用改革开放进行渗透破坏活动，"中国藏学研究中心朱晓明研究员介绍，"1987年9月21日，达赖在美国议会人权小组上讲了五条，9月27日不到一个礼拜，拉萨发生了第一次严重骚乱事件；1987年9月27日、10月1日发生第二次严重骚乱事件，1988年3月5日第三次骚乱事件，1989年的3月5日第四次骚乱。这就是拉萨在20世纪80年代末期的四次严重骚乱事件。"

中国藏语系高级佛学院教授刘洪记说："西藏改革开放之后，逐步对外开放的力度越来越大。西方一些人士，各种政要，也可以到西藏来参观访问。那么现在关于西藏的舆论又开始扭转。为什么？因为他们见到了真实的情况，对达赖也产生了一些不同的声音。我们是把真实的情况来反映出来。那么接着如果说我们西藏的改革开放力度越来越大、对外旅游开放力度也越来越大，相信了解到西藏真实情况的人也会越来越多。那么对达赖的不同的声音也会越来越多。"

四、背景知识：金瓶掣签的由来及其意义

金瓶掣签的由来

在历史上，大活佛转世灵童的认定存在着诸多弊端，转世活佛往往是由"吹忠"（即护法喇嘛）作法降神祷问指定。于是贿赂吹忠、假托神言、任意妄指之风盛行，转世灵童多出自王公贵族，一些上层贵族或大喇嘛乘机操纵了宗教大权。更有甚者，噶举派红帽系十世活佛借故要分扎什伦布寺的财产，失败后竟勾引廓尔喀入侵后藏。面对大活佛转世灵童认定中的这些弊端，清高宗接受西藏地方僧俗界"立定法制"、"垂之久远"的请求，在派遣官兵击退廓尔喀入侵之后，谕令进藏官员筹议善后章程。1793年乾隆帝正式颁布《钦定藏内善后章程二十九条》，设立金瓶掣签制度。该章程第一条明确规定："大皇帝为求黄教得到兴隆，特赐金瓶，今后遇到寻认灵童时，邀集四大护法，将灵童的名字及出生年月，用满、汉、藏三种文字写于签牌上，放进瓶内，选派真正有学问的活佛，祈祷七日，然后由各呼图克图和驻藏大臣在大昭寺释迦像前正式拈定。"认定达赖、班禅灵童时，"亦须将他们的名字用满、汉、藏三种文字写在签牌上，同样进行"。藏传佛教活佛达赖和班禅转世灵童需

在中央代表监督下,经金瓶掣签认定。至此,"金瓶掣签"制度以国家法律的形式确立下来。

乾隆皇帝颁赐的金本巴瓶,用于确认活佛转世灵童的掣签仪式。原件有两个分别置于西藏拉萨大昭寺和北京雍和宫内。金本巴瓶高34厘米,瓶内有签筒,筒内置如意头象牙签5支(图片来源:网络图片)

实施金瓶掣签制度的深远意义

清朝中央政府制定和实施金瓶掣签制度，对当时的西藏、蒙古地区社会和佛教界产生了巨大的影响，意义深远。

第一，在政治上，金瓶掣签是对活佛转世制度的进一步完善，通过制定颁布法律文书和采取一系列措施，将活佛转世呼毕勒罕由吹忠降神来指定，改变为由金瓶掣签来决定。究其实质，是清朝中央政府以此维护和保持对认定大喇嘛转世呼毕勒罕的权力，这就进一步体现并强调了在达赖喇嘛、班禅额尔德尼等大活佛转世问题上中央的权威。此外，达赖喇嘛、班禅额尔德尼等大活佛圆寂后，从转世灵童寻认、掣签乃至坐床都是遵照国家法定制度按部就班进行的，由驻藏大臣亲自照料，按照程序逐一报经皇帝批准，这就履行了法律手续和行政手续。

第二，从宗教上看，由于金瓶掣签制度的实施完全按照藏传佛教仪轨来进行，在宗教上符合藏传佛教的基本教义，这就确定了金瓶掣签在宗教上的合法性，顺利地解决了宗教首领的地位和政治权力、经济权力的传承、延续问题。因此被佛教界、上层贵族世家和信教群众所接受。

第三，实施金瓶掣签，把认定达赖喇嘛、班禅额尔德尼和大呼图克图、大活佛等转世呼毕勒罕的权力，从西藏地方集中到清朝中央，以防止蒙藏上层贵族夺取宗教权力，造成地方势力的膨胀，避免了历史上教派内部、教派与世俗贵族势力之间争夺转世呼毕勒罕的矛盾斗争乃至战乱的发生，有利于蒙藏社会的长期相对稳定。

金瓶掣签制度是清朝中央政府整饬、改革西藏行政管理体制，确立系统治藏法规中的一项重要内容，是管理大活佛的一项关键措施。它既符合政治手续和法律手续，也符合宗教手续；既体现了中央政府的权威，又体现了西藏地方隶属于中央政府管辖的历史事实，有利于维护和稳定蒙藏地区的社会局势，安定边疆，团结宗教上层人物和广大僧俗群众。金瓶掣签制度的设置和实施，立法思想是正确的，具体操作是可行的。经过百余年的实践证明，它是一个创造，积累了丰富经验，给后人以启迪。

第三章
藏传佛教的学经制度

创立于2004年的藏传佛教新的学衔制度,是由藏传佛教界高僧大德发起的。它继承了藏传佛教寺院传统的学经考试模式,突破了教派的束缚,使得各教派僧人可以互相学习、交流佛法、教义,同时又结合现代教育的方法,加入公共知识、历史文化、科技、法律、语言等现代知识科目,旨在培养更高素质的僧才。目前,中国藏语系高级佛学院设立的藏传佛教学衔授予与经师资格认证制度已逐渐成熟,并得到僧人们的普遍认可。

一、故事：绛红色袈裟背后

1. "智然巴"学衔获得者永忠旦增：现代文明和藏传佛教相辅相成

永忠旦增俗家名字为"布秋"，在藏语里面是"小男孩"的意思。从小聪慧的他在当地学校学习成绩一直名列前茅，13岁那年他离开学校到寺庙出家，并在当年6月皈依苯波教。在当地寺庙潜心修行了近十年后，永忠旦增来到了四川著名的苯波教寺庙朗依寺。

朗依寺作为国内最大的苯波教寺院，有着一套完整的学佛系统，僧人数量和影响力世界闻名。2007年，永忠旦增回到了西藏昌都。此时，他已经在苯波教信徒中具有相当大的威望，开始在昌都地区的佛学院讲课并主持工作。

苯教僧人永忠丹增（摄影：吴清兰）

为了追求更高的佛学造诣，2010年永忠旦增成功地通过一系列考试来到了中国藏语系高级佛学院，进入苯波教中级学衔班学习，两年以后成功参加辩经考试并获得了毕业证。本次的辩经考试他如果能够通过，将获得国家承认的格西学位"智然巴"中级学衔。可以说，经历各种各样考试才能成功获得的国家所认的"智然巴"学衔，是对永忠旦增长达20余年潜心修佛的最大褒奖。

对于普通人来说，佛教，特别是藏传佛教相当具有神秘色彩，佛教弟子们的日常生活也鲜为人所知。作为藏传佛学界的个中翘楚，永忠旦增对此也有自己独特的看法。他认为所谓的"神秘色彩"只是由于普通人对藏传佛教并不了解，并不意味着佛教本身特别高深莫测难以接近，"佛学院弟子们的每日修行，也并未脱离现代社会而独立存在"。

在西黄寺修行期间，每日除了早课、午课、晚课以及辩经之外，许多日常活动跟普通群众是无异的。"我们也只是比普通人起得早一点，每天固定时间来诵经念佛，而且佛学院由于处在北京闹市区，我们也非常注意念经的时候不影响普通群众的日常生活。出门的时候除了穿着僧袍之外，我们也不会装作跟别人不一样，交谈、买东西都是最普通不过的日常行为。由于我们有开设法律、普通话、科学文化等课程，所以僧人们都在遵从佛教教义的同时，也跟周围的汉族群众保持着不错的交流，并没有所谓的'藏汉不团结'这么一说。"永忠旦增耐心地向记者

中国藏语系高级佛学院的僧人们在打篮球（摄影：胡青）

解释，"就包括在大街上一些群众对我们藏传佛教感兴趣的，上来跟我们攀谈，我们也会尽量满足他们的好奇心，或者说是求知欲。"

　　在永忠旦增看来，人作为社会活动的独立个体，不管是藏族人也好，汉族人也罢，都不应该也不可能脱离社会而存在。"有些人认为，出家人就应该是'苦行僧'，我觉得这是不正确的。随着国家对于藏传佛教的重视以及藏传佛教信众人数的不断增加，我们的生活条件、修佛环境也越来越好。所谓'潜心修佛'，就是要抛却过往，心无杂念。如果一个修佛之人自己都被外部环境束缚了手脚，那么只能说明他的修为不够，太容易动摇。"永忠旦增给记者展示他的智能手机，"就比如手机、微信、微博这样一些新兴事物，

利用好了就能让更多的人了解藏传佛教，消除一些神秘感和误会。很多珍贵的经文由于一些客观因素不太可能亲眼见到，电子经文也能达到类似的效果。"

当然，并不是所有的群众都能理解，也不是所有的僧人都能把握好现代科技所带来的对于修佛的机遇。"僧人也是人，也会有自制力不强的时候，只是说通过修佛能克制住自己内心的欲望，来达到一种安宁祥和的心境。现代科技的层层渗透也不可避免会带来一些麻烦"，永忠旦增向记者讲述了发生在他自己身上的一次"冲突"。

永忠丹增在向僧人们展示电子版经文（图片来源：中国西藏网）

去年，当永忠旦增离开北京回到拉萨，在玛吉阿米餐厅同佛教信众们交流佛法时，来了一位喝醉酒的佛教信徒。他直接对永忠旦增出言不逊，质问道："作为僧人，你怎么能离开拉萨去北京贪图享乐，而且还带着毫无意义的手表？你这是对藏传佛教本质的亵渎。"永忠旦增在拉萨是相当有威望的得道高僧，这个信徒的质问激怒了在场的许多僧人和藏族群众。他们愤怒地想要打这个喝醉酒的"癫狂之徒"。永忠旦增阻止了他们，并且耐心向这位信徒解释道：藏传佛教也必须要与时俱进，去北京是为了更好的学习上层佛法，同时也向更多人传递藏传佛教的精髓。

最后，信徒酒醒了之后非常后悔，跪在永忠旦增面前痛哭流涕，请求原谅。说到这里，永忠旦增也表达了他自己的一些担心和忧虑："尽管说大多数群众都能理解僧人也享受现代文明，使用新兴科技产品，但还是有一些教徒和人民群众对此持怀疑态度。我们要做的工作还有很多，不乞求所有人都能理解，但是至少我们应该尽量去解释清楚，向他们传递这样一种信息——任何宗教，包括藏传佛教都是随着社会发展而改良进步的。"

藏传佛教本身就是一种带有神秘色彩的文化载体,其内容博大,内涵深厚,是整个藏民族自古至今政治、社会、经济、文化等各个方面发展的沉淀和积累。在现代文明快速发展的背景下,藏传佛教文化揭开其神秘面纱,融入现代文明之中,能更好地再现藏传佛教在几千年发展过程中的智慧光芒,对藏传佛教的传承与发扬也将大有裨益。

作为人们心目中的"圣地",西藏也承载着越来越重的负担。高原、雪山、雅鲁藏布江、布达拉宫,纯美的自然风光和绝妙的人文地理吸引着一批批国内外游客,他们不顾路途遥远、高原反应来到西藏。对此,永忠旦增认为:"西藏作为被全世界人民所推崇的旅游'圣地',更需要游客们用心去保护。高原生态环境极为脆弱,一旦遭到破坏就很难完全复原。希望游客们进藏追寻内心真谛的同时,也要注意保护环境,尊重藏民族的民族习惯。"

2. 扎西坚才:色拉寺高僧、佛学院经师、全国政协委员

西藏佛学院经师扎西坚才在上课(图片来源:《讲述西藏》纪录片)

生于20世纪60年代的扎西坚才是西藏拉萨色拉寺的高僧和西藏佛学院的经师。14岁出家的他,在2005年以格鲁派第一名的论文答辩和辩经考试成绩,获得了中国藏语系高级佛学院第一届"拓然巴"高级学衔,也是第一批获得由高级佛学院授予的"经师资格证书"的国家一级经师。仅此两项殊荣就已经令扎西坚才在西藏自治区内外享有无上声望,令他的僧人学生们无比

尊敬。2013年，扎西坚才作为西藏自治区宗教界代表当选第十二届全国政协委员，从此，新增的这一重身份又让他的肩膀上多了一层责任，那就是代表西藏宗教界人士参政议政，考察民情、反馈民声、上传下达。

2014年3月7日，全国政协十二届二次会议在北京人民大会堂举行。会后扎西坚才分享了他作为宗教界委员参政议政和对佛学教育的一些体会。

扎西坚才说，在政协会议召开期间，每位政协委员发言时总希望详细地阐述自己的提案，"但是会议时间有限，每场讨论会虽然都超过了两个小时，也只够七八个人现场讲述自己的提案。所以，普遍的做法是将材料提交到专门负责收集提案的小组"。

2014年"两会"，他的提案是希望建立西藏佛学院自己的图书馆。就在接受采访前一天的分组讨论开始前，扎西坚才在走廊上遇到了全国政协常委十一世班禅。"班禅大师问我带的什么提案，我告诉他是希望建立西藏佛学院的图书馆。大师说这是好事，鼓励我发言。昨天包括我在内，有四名西藏的委员发言，另外三位都是大活佛，所以我能跟他们同样有发言

扎西坚才（摄影：洛桑阿铁）

机会真的很荣幸。"在政教合一的旧西藏，社会等级森严，普通僧侣很少有机会参与由大贵族和大喇嘛组成的统治阶层的决策讨论。因此，扎西坚才作为普通喇嘛当选政协委员参政议政，他所说的荣幸与感恩，就不难理解了。

按照西藏传统的寺院学经教育，僧人在寺庙里除了修习显密佛法之外，一般只学习藏语，对于汉语、英语、计算机等现代科技文化知识几乎没有涉猎。而且，以往寺院教育只注重对佛学教义教规的讲解，几乎未涉及其他教派知识。结果是学习结束后，学生对本教派的佛学造诣很高，而对其他教派知识以及

社会实践应用技能很缺乏。扎西坚才有机会经常在拉萨与藏区和内地之间交流往来，他觉得年轻僧人十分有必要学习汉语、英语等其他社会通用语言与现代科学文化知识。

"学习计算机、汉语、英语和法律法规等，仅仅靠课堂上的教学是不够的，学僧们需要在课外充实更多的知识才行。要不然就得像我这样，不会说汉语，电脑也不行，与社会脱轨，走到哪儿都还需要翻译，既麻烦别人，也影响了交流沟通的效率，非常遗憾。"说完，扎西坚才笑呵呵地看着旁边的翻译（中央民族大学的一位藏族学生）用藏语羡慕地说："如果能像你这样用流利的藏语、汉语跟别人交流该多好。"

去年冬天，扎西坚才开始调研并撰写自己今年参会的提案。据他介绍，西藏佛学院2011年10月20日在拉萨正式落成开院。西藏佛学院借鉴中国藏语系高级佛学院将现代学院式和传统经院式相结合的教学模式，分设了密宗、显宗、活佛三个学部，按照6∶2∶2的比例开设了佛学、公共和法制三类课程，目前还没有自己的图书馆。作为经师的扎西坚才，在备课、上课时总会感到资源欠缺，需要不断充电。师生们需要用书时，往往要向各个寺庙和社会机构去借，手续烦琐且耗时。"佛学院采取'教派平等、显密结合'的教学方式，整体学习范围很广，涉及所有教派经典知识，还有汉语、计算机、外语等公共、科学、法制课程，学僧们需要阅读和涉猎许多书籍。"

在把"希望建立西藏佛学院自己的图书馆"的想法告诉佛学院的领导和同事们后，得到了大家一致的赞同和支持。于是，他把藏文提案写好之后，又特地请同事翻译成汉语，在参加政协会议时提出。他的提案得到了中央统战部与西藏自治区领导的认可，建立西藏佛学院一事有望在2014年底或2015年初作为我国佛学院建设发展项目第二批工程得到贯彻落实。

二、讲述：佛学院与辩经场

白玛江培（图片来源：《讲述西藏》纪录片）

1. 西藏佛学院

白玛江培跟往常一样，天刚刚亮，就起来诵经，这是僧人每天必修的晨课。

白玛江培是昌都地区类乌齐寺的经师，但在这里，他的身份是一名学生。这里是西藏的第一所藏传佛教高层次综合性院校——西藏佛学院。佛学院的学生来自西藏各个教派的寺庙，在这里，他们不分教派，共同研修佛法。

院长珠康·土登克珠活佛说："西藏佛学院建成这么大的规模，是个很伟大的事情，是不容易的。佛教传入西藏至今有1300多年的历史，在这过程中，各教派都在管理各自的寺庙。能建成这样集中的学院是很难想象的。特别是在西藏政教合一的制度下，各教派之间由于各方面的矛盾等等原因无法集中在一起。"

2008年，政府投入了近1亿元建设西藏佛学院，工程持续了3年。2011年，这所占地面积262亩的西藏佛学院终于落成。院长是中国佛教协会西藏分会的会长第七世珠康活佛——珠康·土登克珠。

"当时招生时在下面各个寺院里挑选了显宗方面的顶尖人员——能从显

西藏佛学院院长珠康·土登克珠活佛（图片来源：《讲述西藏》纪录片）

宗直接学习密宗的学员。第一次是这样选的，后面第二次开始就不一样了。跟国内高等院校的制度一样，基本上需要四年。"珠康活佛介绍道。

西藏佛学院首批招收了150名学员，开设了修行、因明、般若、密宗四个班级。每天上午以佛学课为主，下午是公共文化课程。来自各个教派的学员们，除了可以一同研修佛法，还可以学习藏语、汉语、英语等文化课程。学院还开设了法制课、计算机课，以及藏医学等选修课程。

白玛江培是噶举派僧人，他的佛学造诣已经很深，所以被分到了级别最高的密宗班，并担任班长。"在这里可以了解到五大教派的佛学经典、教义、观点，对我来说这里的环境、各方面条件都很满意。"

为了让学员在佛学造诣上有更大的提升，西藏佛学院从各教派聘请了16位高僧大德，讲解佛学课。精通佛理的一级经师扎西坚才，在学院讲授的是藏传佛教"五部大论"相关内容。他告诉记者，上课时，他会从藏传佛教"舍己利他"思想出发，以"道次第"、"入行论"等课程为教学内容，深刻阐释古今中外社会生活中的各种现象，同时结合佛教教义教规，进行实际实践指导。"佛学院招收不同教派、不同寺庙的学员，给了大家很好的学习机会。这对弘扬佛法有很大的帮助。等他们毕业之后回到各自的寺院讲经，也对弘扬和发展佛法可以起到很大的作用。"

在开学典礼或宗教节日期间，学院会举行盛大的法会。来自各个教派的学员们聚在一起，和谐共处，共同祈祷众生常乐安康，世界和平。

2011年10月20日上午，西藏第一所综合性佛学院落成暨开院庆典在拉萨曲水县聂当乡隆重举行。来自内地的宗教人士及西藏各大寺院的代表前来祝贺（摄影：王淑）

珠康院长说："西藏佛学院有两个鲜明的特点：教派平等和显密结合。教派平等是说全天下所有信佛的人都是一家。"

在西藏佛学院，每天都能看到这样的景象：学员们三五成群地聚在一起，进行激烈的辩经。辩经是藏传佛教僧人们研习佛法的一种方式。一个人提出观点，另一个人提出问题，互相诘难，据理力争。这样的学习更能够加深对佛教义理的记忆和理解。白玛江培告诉记者："一般对辩经的人来说，辩经和辩论就像补充自己的能量一样，辩经也像吃饭一样，补充自己的知识能量，提高水平。"到了晚上，学员们的生活就丰富多了。有的在晚上还在树荫下温习功课，有的在篮球场打起了篮球。

西藏佛学院为学员们提供了舒适的住宿条件和良好的伙食标准。在这里，吃、住包括教材、学习资料等都是免费的。"中央和自治区高度重视，现在我们学院的建设规模将要扩大，学员将要扩招到600多名。总之，这里不仅是全区集中培养广大僧人的地方，等条件成熟时，将全方面扩大至整个藏传佛教的领域，共同培养、共同学习。"

西藏佛学院（图片来源：《讲述西藏》纪录片）

西藏佛学院的僧人们在上计算机课（图片来源：《讲述西藏》纪录片）

今天的西藏有1700多座寺庙，约4.6万名僧人。时代在改变，但文化的血脉在延伸。现在，这些年轻的僧人们，将承载起新的历史使命，这就是古老宗教文化在新时代的传承与弘扬。

2. "格西"学位与"拓然巴"学位

在藏传佛教里,存在两种学经制度,一种是"格西拉然巴"考试制度,一种是拓然巴高级学衔制度。这两种制度有何区别?又分别是怎么回事呢?我们不妨通过一张解析表对比一下。

比较内容	格西拉然巴	拓然巴
名称含义	"格西",藏语意为"善知识",包含许多种类,一般包括拉然巴、措然巴格西、林赛巴格西和多然巴格西四个等级。也有一些专业性较强的格西学位,比如,阿然巴(密宗)、曼然巴(藏医药)等。	"拓然巴"是藏语"拓仁木然降巴"的简称,"拓仁木"为"高级","然降巴"为"博学高明之士",合起来即为"高级的博学高明之士"。
制度简介	格西拉然巴是藏传佛教格鲁派僧人修学显宗的最高学位。这个近似于现代意义上博士学位的宗教学位,是每一个藏传佛教学经僧人的最高目标,在大昭寺的祈愿大法会期间举行考试。僧人学完必修的显宗经典后,可以考不同等级的格西,然后可任扎仓或中小寺院的最高主持人(藏语叫"堪布")。这种选拔年年举行,形成制度。	"拓然巴"高级学衔制度创立于2004年,是由藏传佛教界人士发起的,面向各大教派,继承藏传佛教寺院学经考试模式,结合现代教育方法,旨在培养藏传佛教界高级僧才的考评制度。2004年8月,藏传佛教高级学衔评审委员会在拉萨成立。同年九月,首届藏传佛教高级学衔班十一名学员入学。
考评机构	中国佛协西藏分会	藏传佛教高级学衔评审委员会

学位考试流程	"拉然巴格西"学位考试分夏季（预考）和冬季（终考）两次举行。对于考取格西拉然巴学位的学经僧人来说，夏季考试才是真正的考验。通过了预考的高僧，还要在来年的藏历新年大昭寺祈愿大法会上，参加立宗仪式，即通过甘丹寺、哲蚌寺、色拉寺这"三大寺"的多位高僧提出的佛学疑难问题的答辩，两次考试全部通过才能最终取得学位。只有经过几十年修行的极少数僧人才有可能获得此学位。格西拉然巴之外的三个等级的格西学位由各寺院自行考评。	进入中国藏语系高级佛学院高级学衔班的学僧在经过专业学习后，通过毕业考试后方能参加学衔班辩经、讲经考试和论文答辩。在辩经考试中，学僧必须在由高僧大德组成的考评委员会进行答辩。在论文答辩中，借鉴现代高校毕业论文答辩形式，学僧自己从藏传佛教经典的"五部大论"中任选论题，撰写学衔论文，然后进行答辩。高级学衔评审委员会再根据学僧的辩经、讲经考试和论文答辩成绩进行无记名投票，对考僧逐个表决。合格者才能获得高级学衔。
考试内容	涉及藏文基本知识。辩经内容主要围绕五部大论，即《释量论》、《入中观论》、《现观庄严论》、《戒律论》和《俱舍论》。	涉及基础的科学文化和社会政治常识。辩经内容主要围绕藏传佛教显宗的《五部大论》，包括《释量论》、《入中观论》、《现观庄严论》、《戒律论》和《俱舍论》。
学衔授予地点	拉萨大昭寺	中国藏语系高级佛学院

十一届三中全会以后，随着各项政策的落实，1985年12月16日西藏自治区人民政府颁布了《西藏自治区人民政府关于恢复拉萨祈祷大法会的通告》，决定"从1986年即藏历火虎年新年起，恢复在拉萨大昭寺内举行的祈愿大法会"。1986年2月，在十世班禅大师的主持下，传统的拉萨祈愿大法会在大

昭寺前举行，1986年和1987年传昭大法会中三大寺共有17名高僧考取了拉然巴格西学位。这是藏传佛教界盼望已久的事，但好景不长，1988年传昭大法会即将步入尾声之际，即3月5日，在达赖集团煽动下拉萨发生严重骚乱事件，破坏了法会的正常进行。自此，一年一度的拉萨传昭大法会又一次被迫中断。达赖集团在境内学经方面制造干扰的同时，又以授予学位为诱饵，采取"拉出去、打进来"的办法，吸收境内寺院中的年轻僧人到他们身边，灌输他们的思想，然后又派回到原来的寺院，制造混乱。

2012年在拉萨大昭寺进行的拉然巴格西考试现场（图片来源：《讲述西藏》纪录片）

在排除达赖集团的干扰和影响后，中断了16年的藏传佛教格鲁派最高学位格西拉让巴考试制度于2005年得到恢复。此外，针对藏传佛教佛学院的教育特点，在中国藏语系高级佛学院从2004年9月中国藏语系高级佛学院正式招收了学衔班，来自西藏、青海、四川、甘肃、云南等藏区的11名僧人成为首届高级学衔班学员，标志着具有现代特色的藏传佛教新的学衔——"拓然巴"学位制度诞生。

中国藏语系高级佛学院院长嘉木样活佛为获得"拓然巴"的僧人颁发学衔证书
（图片来源：中国西藏网）

3.藏传佛教的辩经制度

色拉寺僧人们结束辩经课程，走出辩经场，游客们在拍照（摄影：郭明慧）

提到藏传佛教，除了绛红色袈裟的视觉印象，想必很多人会想到僧人辩经的画面。众多来西藏旅游参观的人们到了拉萨，只要对藏传佛教感兴趣，基本上都会去北郊的色拉寺辩经场上坐一个下午，感受佛子辩论经文律论时的智慧能量。

辩经是藏传佛教寺院教育学习经论、考核成绩、晋升学位的一种独特的教育教学方法，也是藏传佛教的一大特色。僧人学习采用辩经的形式，由一人提出观点，另一人提问，互相诘难。辩论时声音洪亮，并拍掌加强语气，使学僧容易记忆、加深理解。通过辩经的方式，学僧掌握知识多，进步快。

说起藏传佛教的辩经制度，不得不讲"因明学"、桑普寺和宗喀巴大师。

色拉寺辩经场上（摄影：郭明慧）

"因明"的梵文含义是"新知"，藏文译作"测码"，即"真知"或"正确的认识"。"因明学"是"打开佛学辩经宝库的金钥匙"，是开发人的智慧、提高逻辑思维能力、培养辩论技巧的有力武器。藏传佛教因明学有1200多年的历史，其间的传承与实践从未间断过。

辩经制度最早在西藏拉萨桑普寺确立。在历史上，桑普寺一直是藏传佛教讲授因明学的著名道场。桑普寺由阿底峡尊者的弟子俄·雷必喜饶（又译"俄大译师",1059—1096年)于1073年创建,并在桑普寺设置因明学科和创办五部经学院(五部经是因明学、般若、中观论、俱舍论和律学)。12世纪时该寺堪布恰巴·确吉僧格在该寺创设辩经制度。

后来,格鲁派创始人宗喀巴大师对桑普寺的辩经理论和制度做了一些修改,逐步形成了格鲁派的辩经制度。拉萨格鲁派三大寺建立之后,各寺院按照自己的特点将辩经考试系统化、规范化,由此形成了格鲁派严谨的辩经考试制度和学位制度。而闻、思、修、讲、辩、著的学经方式,自吐蕃赤松德赞时期始,经过高僧大德们的不懈努力,也就成为藏传佛教寺院传统教育的基本特色。

色拉寺辩经场上两位僧人在进行一对一辩论(摄影:郭明慧)

辩论疑难问题有多种形式：既有一对一的答辩，又有一人立宗、众僧质疑的辩论；既有本级互辩，又有本级对其他层级的辩论。在规模上，既有全扎仓学僧参加的，又有全寺学僧参加的，考取"拉然巴格西"时更是三大寺学僧齐聚问难。辩经考试分正反方对经论中的疑难问题进行辩论。

辩论有声有色，围绕着提问者提出的问题进行辩论。提问的僧人站着做出抬腿、击掌等动作，事实上，这些动作蕴含着深刻的意义。比如每一个提问者都要先说一个"底"，随之将右手向后高高扬起，再和左手相拍发出清脆的响声，然后将右手向下伸向对方后拉起。

中国藏语系高级佛学院高级学衔辩经考试僧人（摄影：杨月云）

那一声"底"相当于开启智慧,因为在佛教中文殊菩萨是智慧的象征,而他的心咒是"嗡阿热巴杂拿底","底"音象征启请心中的文殊菩萨,开启我们的智慧。高扬的右手象征文殊的智慧就在身后。两手相击,有三层意义:一为一个巴掌拍不响,世间一切都是众缘合和的产物;二为掌声代表无常,一切都稍纵即逝;三为清脆的响声击醒你心中的慈悲和智能,驱走你的恶念。右手向下又拉回,是希望通过自己内心的善念和智慧,把苦难中的众生挽救出来。

色拉寺辩经场上僧人辩经(摄影:徐静)

在藏传佛教中若想成为佛学家,必须具备善讲、雄辩、著书三个条件,所以在寺院修习的过程中,辩论是必修课。辩经不是愤怒之下的争执,而是有一定的原则和逻辑。它要求辩论双方语言流畅,简明扼要,深入浅出,言之有据,符合逻辑。从而通过反复辩论,达到深刻理解佛教玄妙义理的目的。被问者回答时,答案要简单明了、干脆利落。例如:

问：你觉得人有没有"灵魂"呢？

答：没有，因为我没见过。

问：你没见过，不一定别人没见过，难道你没见过就等于不存在吗？

答：是。

问：如果这样说的话，一个人所能见到的事物是非常有限的，我们很多人没有见过华盛顿、纽约，难道它不存在吗？

答：不一样，它们存在，它们看得见摸得着。

问：那么你的意思说，看得见的外在的物质是存在的，而看不见的内在精神是不存在的，是吗？

答：是。

问：照你的观点，你有没有思想、感情、意识呢？

答：我不确定，但有。因为我是人，有它们人就活着，离开它们就不是人，只是一个肉体。

问：那好，你的观点是"我没有看见"就不存在，那你的思想、感情、意识等在哪里呢？你看得见、摸得着吗？你的理由不能成立吧！

对于学僧而言，通过辩经可以提高个人对于佛法的领悟程度。辩经的目的并不是要争出个你输我赢，而是经由辩论过程，厘清义理上的犹疑，以佛法的正见，破除邪见。

三、编辑视点：藏传佛教学衔制度
——传统寺院教育与现代教育的融合

2013年11月，中国藏语系高级佛学院评选出了61位获得第一届"智然巴"中级学衔获得者、11位第九届"拓然巴"高级学衔获得者和19位第二届藏语系高级佛学院经师资格获得者。中国藏语系高级佛学院的学衔制度就是将传统的藏传佛教寺院与现代教育相结合培养高素质僧才的开拓者和典型代表。

藏传佛教学衔制度包含了藏传佛教各个教派，具有团结、进步、民主、和谐等特点。它改变了各教派各自授学位标准、要求不统一的传统，使得僧人可以学习到各教派的经典理论教义,互相交流切磋,精进佛法修习。每年年初,中国藏语系高级佛学院会将招生简章发往藏、青、甘、川、云五省区。招生简章中,对招生原则、班级与名额分配、报考条件及办法、考试地点和时间、考试范围和方法等进行了详细阐述。自2004年招收第一届"拓然巴"高级学衔班以来,中国藏语系高级佛学院设立的藏传佛教学衔授予与经师资格认证制度已逐渐成熟。各教派僧人对能获得高级佛学院颁发的学衔和经师资格证书,也倍感荣耀。

中国藏语系高级佛学院学衔考场上,僧人用相机拍摄辩经瞬间(摄影:洛桑阿铁)

据中国藏语系高级佛学院副院长刘洪记教授介绍,学院每年招收一个高级学衔班和一个中级学衔班。高级学衔班每年不超过13人,中级学衔25人。原则上,佛学院会在各教派间轮流招生,但由于格鲁派之外的几个教派僧源较少,因此在招不满时由格鲁派补足,以保证人数。

想进入中国藏语系高级佛学院深造进修,并非易事。僧人们要通过本寺院推荐、参加佛学院设在地区的辩经和文化考试,成绩优异方能录取。

学衔班的学习科目包括传统的以五部大论为

藏传佛教高级学衔证书

2013年5月15日，23名觉囊派僧人从中国藏语系高级佛学院"智然巴"中级学衔班毕业
（摄影：郭明慧）

基础的宗教学科，也包括现代科学。后者主要包括汉语、计算机、论文写作与政治。而政治课又包括传统的政治理论、中国近现代史、法律法规、民族区域自治、时事政治及与宗教相关的政策法规。

对现代学科的教学安排，僧人们都非常感兴趣，尤其是语言与计算机课程的设置。语言课程的设置，让很多僧人感到了与更多人交流的快乐。有的僧人是从小进寺庙修习佛法的，并不会说汉语，更不会讲英语。来到佛学院之后，他们可以学习汉语，有的为了跟上进度还会在课下单独用功、请老师"开小灶"。甚至曾经有位年轻的仁波切专门去新东方报了英语学习班，充分利用在北京中国藏语系高级佛学院进修的时间，学习好汉语、英语，以便与更多的人进行交流。现在，很多学僧还会使用平板电脑储存日常需要念诵的经文，既方便携带，又方便随时诵读。

在藏语系高级佛学院举办的辩经考试，代表着来自全国各地的该教派高僧大德们的智慧碰撞。要想获得学衔，就要通过辩经考试和论文答辩。辩经激烈之时，评审与座下观看的僧人们也会参与其中。此时，不少人就会用手机、平板电脑记录下这些珍贵的瞬间。

2013年中国藏语系高级佛学院举行中级学衔授衔仪式，僧人们互相拍照留念
（摄影：郭明慧）

来自甘肃甘南藏族自治州玛曲县参智合寺的次知木嘉措，出家修行近30年，是参加第一届"智然巴"中级学衔考试格鲁派的第一名，对自己获得这样的成绩，他兴奋地说："能够跟来自其他地区的格鲁派僧人们切磋交流，本身就让我感到很幸运很开心了。最终获得了第一名，不仅让其他考僧看到了我的佛法学修水平，还意味着我多年来的修行得到高僧大德们的认可，这对我来说是莫大的鼓励，所以我很欣慰也很骄傲。我也为我的寺庙争得了光荣。"

来自色拉寺的扎西坚才，不仅是中国藏语系高级佛学院第一届"拓然巴"高级学衔考试格鲁派的第一名，也是第一批获得佛学院颁发的经师资格的高僧大德。据他介绍，每年拉萨三大寺报考高级学衔与经师资格考试的僧人都很多，由于优秀的"格西"很多，所以竞争非常激烈。他说："僧人考取高级佛学院的学衔与经师资格不仅仅是个人的荣耀，也是寺庙的集体光荣。"回忆当初自己获得"拓然巴"学衔与经师资格时的境况："回到色拉寺后，僧人们都变得更加尊重我，希望我把自己学到的知识还有跟其他高僧大德交流的知识讲给他们听。"

中国藏语系高级佛学院坐落在北京黄寺大街的西黄寺内（图片来源：学院官网）

中国藏语系高级佛学院是经第十世班禅大师倡导，经党中央、国务院批准，于1987年9月1日在北京西黄寺成立的以佛学专业为主体，以藏传佛教为特色，教学和研究相结合的藏传佛教综合性院校，是我国藏传佛教的最高学府。学院创立27年来，共举办了11届高级学衔班、13届佛学大专班、7届中级学衔班，同时还举办过专业性较强的藏族天文历算学培训班、声明学培训班和寺管会主任培训班、活佛培训班等，既有格鲁派学员，也有宁玛、萨迦、噶举、觉囊、苯波等教派学员。西藏自治区政协副主席、中国佛教协会西藏分会会长、西藏佛学院院长珠康·土登克珠活佛，西藏自治区人大副主任新扎活佛、甘肃省政协副主席，甘肃省佛教协会副会长德哇仓活佛，青海省政协副主席、青海省佛协会长仁青安杰活佛，全国政协委员、中国佛教协会副秘书长、中国藏语系高级佛学院副院长那仓·向巴昂翁活佛等都是毕业于中国藏语系高级佛学院的佼佼者。

四、背景知识：传统的藏传佛教寺院教育
——拉萨三大寺的学经制度

甘丹寺、哲蚌寺和色拉寺是拉萨著名的藏传佛教格鲁派三大寺，在西藏和四省藏区的格鲁派寺院中占有崇高的地位。能够在三大寺的高僧大德面前通过辩经考试，获取"拉然巴格西"学位，则是几乎所有格鲁派修行僧人的目标。

2012年在大昭寺举行的格鲁派僧人格西拉然巴（又"拉然巴格西"）考试与领证仪式
（图片来源：中国西藏网）

经过数百年的发展，三大寺形成了一整套严谨系统的教学体制，并一直沿袭至今。那么，位于拉萨的甘丹寺、哲蚌寺和色拉寺的学经制度又是怎样的呢？

格鲁派寺院共同的特点是严格遵循宗喀巴大师制定的学制，即先显后密的学修次第和循序渐进的学习程序。其中显宗的修行一般要在20余年，而"拉然巴格西"也是授予修习显宗僧人的学衔。

初入寺院的学经僧人叫"扎巴",进寺后须举行拜师仪式,要找两位老师,一位是生活老师,一位是文化(学经)老师。经过老师的推荐他才有资格转入显宗学院开始五部大论的修行。此时的学经僧人被称为"贝恰瓦"。

哲蚌寺的僧人在辩经(图片来源:中国西藏网)

作为一个闻思显教的"贝恰瓦",一般需要经过20余年的漫长学习过程,每一部经论都需要经过刻苦学习并通过相应级别的辩经考试,方可进行下一阶段的学习。

据经师扎西坚才介绍,三大寺修行显宗五部大论的次第一般按照:先学因明3年,进而般若6年,随后学中观论4年,再学4年俱舍论,最后4年学戒律论。

建于明朝永乐十七年(1419年)的色拉寺,1963年便被列为西藏自治区级重点文物保护单位,至今仍保持了主要建筑,包括措钦大殿、麦巴扎仓、阿巴扎仓等。其中,麦巴扎仓是色拉寺专门从事学习显教五部大论的扎仓,阿巴扎仓是学修密宗的处所。学僧们依次学完五部大论,并在扎仓、措钦立宗答辩获胜后,方能参加拉萨大昭寺祈愿大法会的格西考试,同时也才具备学习密法的条件。

雪顿节展佛时,哲蚌寺的僧人拍照留念(摄影:洛桑阿铁)

第四章
扎根于信仰中的艺术

无论是唐卡、藏戏、西藏壁画还是酥油花,在艺术的传承中,都带有明显的宗教色彩,凝聚着藏民族的信仰和智慧,记载了西藏的文明、历史和发展,其中也承载着藏汉民族间团结友好的历史。

一、故事：高原艺术殿堂的守护者

1. 八廓街上的唐卡艺人

在西藏的首府——拉萨市古老的八廓街上，有很多唐卡店。这些唐卡店既是商铺，又是学堂。18岁的藏族青年元旦已经在师父的唐卡店里当了三年学徒，但要想成为一名成熟的唐卡技师，他还得再学习两年。元旦还有几位师兄，每天清晨吃过早饭后，他们就要开始学习绘制唐卡了。

拉萨八廓街上的唐卡店里，学徒们正在认真学习。（图片来源：《讲述西藏》记录片）

绘制唐卡需要平心静气的耐性，一笔一画的勾勒，这样的姿势，学徒们往往每天需要坚持近十个小时。唐卡距今已有1300年的历史，其绘制极为复杂，画工精细，用料十分考究。颜料全为天然矿植物原料，色泽艳丽，经久不褪。要想成为一名成熟的唐卡技师，一般要跟着师父学习五年。

唐卡艺人正在一笔一画绘制唐卡（图片来源：《讲述西藏》纪录片）

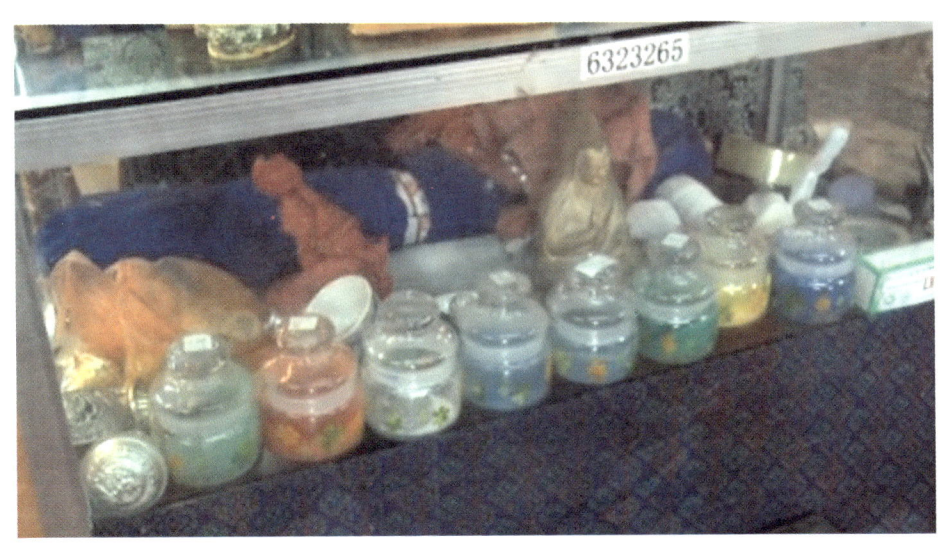

唐卡颜料（图片来源：《讲述西藏》纪录片）

正在加热的唐卡颜料（图片来源：《讲述西藏》纪录片）

元旦的师父叫尼玛旺堆，是一位小有名气的民间唐卡艺人。尼玛旺堆的唐卡店开办16年了，他招收的很多徒弟是孤儿，学习唐卡能让他们掌握一门谋生的手艺。学徒们不但不需要交学费，每月还能从师父那里领到工资。

正在作画的尼玛旺堆（图片来源：《讲述西藏》纪录片）

八廓街上，旅游者川流不息，色彩缤纷的唐卡让许多人驻足观看。对于尼玛旺堆和他的学徒们而言，古老的唐卡技艺既是他们的谋生技能，又是传统血脉的自然延伸。

唐卡（图片来源：《讲述西藏》纪录片）

老人正在教一位年轻人作画（图片来源：《讲述西藏》纪录片）

图中正在指挥学生作画的老人叫嘎玛德勒，他已经80岁了。作为西藏嘎玛嘎孜唐卡画派的第十代传人，从八岁开始学习绘画起，嘎玛德勒的一生几乎都在这个色彩斑斓的唐卡世界里度过。

嘎玛德勒生活在西藏昌都县嘎玛乡，这里就是嘎玛嘎孜画派的发源地。虽然偏远，但他的老屋里总是会住着一些外乡来的年轻人，他们都是

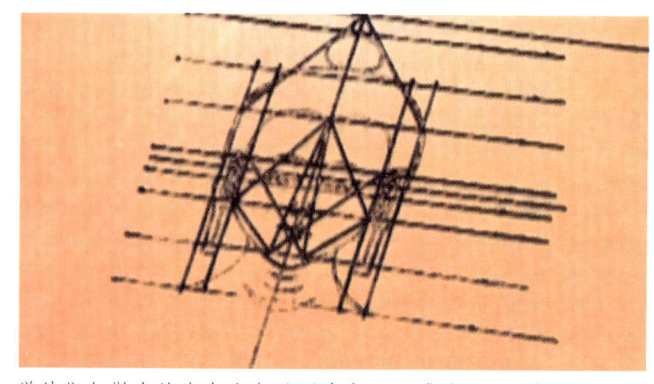

学徒们勾勒出的唐卡线条（图片来源：《讲述西藏》纪录片）

慕名前来拜师学艺的。嘎玛德勒说，只要是愿意学习唐卡的年轻人，他都会把他们留下，因为他最大的心愿就是把父辈们的技艺流传下去。"一个民族要有良好的传统呈现在其他民族面前，不然就没有人认可。"

释迦牟尼佛唐卡（图片来源：中国唐卡网）

精美的热贡唐卡（图片来源：中国西藏网）

这就是雪域文化独特的色彩，它流传千年，依然延续。

2. 西藏唐卡：美丽与幻想的艺术

唐卡，是用彩缎装裱后悬挂供奉的宗教卷轴画，具有鲜明的民族特点、浓郁的宗教色彩和独特的艺术风格。它用明亮的色彩描绘出神圣的佛的世界，被誉为中国民族绘画艺术的珍品，也是中华民族民间艺术中弥足珍贵的非物质文化遗产。

制作唐卡是一个复杂精细的过程，制作一幅唐卡用时较长，必须按照经书中的仪轨及上师的要求进行，包括绘前仪式、制作画布、构图起稿、着色染色、勾线定型、铺金描银、开眼、缝裱开光等一整套工艺程序。每一个步骤都得慎重，不然一笔画错全图前功尽弃。

绘制彩唐卡，用到的颜料分为两种：一是常规的国画颜料，用国画颜料制作的唐卡时间长了就会退色。第二种颜料便是矿物颜料，用它制作的唐卡即使时间久了，一般也不会退色。常用的颜料有：黑色颜料、红色颜料、白颜料、蓝色颜料、胭脂红颜料。

绘制唐卡的矿物颜料（图片来源：中国西藏网）

唐卡的绘制颜料都是天然矿石等天然原料：有黄金、珍珠、珊瑚、琉璃、青金石等等。在藏民族生活里，金银首饰是十分重要的装饰之一。从唐卡上的那些金银粉饰的画面中就能感受到他们对金银表现出来的追崇和崇拜。自然，金和银都成为唐卡创作中不可多得的材料。

绘制唐卡的矿物颜料（图片来源：中国西藏网）

一幅唐卡的精确制作需用不同的工序和工具，现在就给大家介绍一下绘制唐卡所用的工具，有碳笔、大、中、特细小狼毫笔、颜料盒；画板。

首先要做的是选择一张平滑略厚的白色棉布，画布不能沾上油污，不能穿孔破裂。画布的长宽比例要适当，如果画布太小，还可以在画布两边补接画布，接缝不能出现皱折，不能留下线头，缝合线迹要均匀美观。

绘制唐卡用的笔筒（图片来源：中国西藏网）

绘制唐卡前先打底稿（图片来源：中国西藏网）

步骤二是为唐卡上色，上色也是有讲究的，一般先给天空和大地上色，然后依次给服饰、肌肤、云烟、花木、水纹、亭榭、长廊、供品等上色。上色时一不能错，二不能混。彩笔上色时，要从左到右依次上色。

绘制唐卡很多细节都要注意，很多绘画的部分都非常细致，有些部分需要用到很细的画笔一笔一笔的勾画，所以很多唐卡的画笔都是用极细的狼毫来制作。

唐卡底稿（图片来源：中国西藏网）

底稿处理完后，再根据画面描绘的水泊，岩石，山丘，云雾等景物的不同，在不同的景物上涂上相应的颜色。一次只上一种颜色，先浅后深。

正在勾线的唐卡（图片来源：中国西藏网）

染完色后最后一步就是勾线。勾线共有五大类：平勾、浊勾、衣勾、叶勾、云勾。这些技法也是藏画艺术独特的绘画技法。染色后的唐卡画就可进行彩笔勾描，勾描线条不能忽粗忽细，要柔和流畅，要像绣线那样柔软，又要像绷紧的银线那样有力度。完成以上工序后一幅完美的唐卡就绘制成功。

3. 望果节上的藏戏演出

在西藏农村，除了藏历年外，就属望果节热闹了。望果节流行于农区，是藏族农民预祝丰收的节日。"望"意为"田地","果"意为"转圈"。"望果"从字面上讲,就是转地头。这一天,广大农区人民都要穿着民族服装,老年人和小孩子坐在四轮马车上,姑娘和小伙子们,或者背着青稞酒,或者提着酥油茶,或者拎着菜盒子,聚集在田间地头巡游,尽情歌舞。巡游完后,举行赛歌、赛马、赛牛、射箭、抱石和摔跤等活动。除此以外,各乡各村还要请藏戏团唱上三天藏戏,尽情地娱乐。

藏戏表演(图片来源:网络图片)

藏戏是一个古老的剧种,距今已有600多年的历史,藏戏一般作为一种广场剧演出,只有一鼓一钹伴奏,别无其他乐器。一场藏戏演出,有唱、诵、舞等表演形式,唱腔高亢雄浑,舞蹈特色浓郁。近年来,西藏的民间藏戏队伍如雨后春笋般蓬勃发展,包括各种季节性、业余的民间藏戏团已近500支。娘热乡民间艺术团是其中最活跃的一支。

藏戏面具（图片来源：《讲述西藏》纪录片）

望果节这天，我们来到了拉萨市城关区娘热乡吉苏村，这里也搭起了戏台。著名的娘热乡民间艺术团将在这里上演精彩的藏戏。一整排的大箱子里装满了艺术团的道具行头，藏戏演员化妆很简单，主要是戴面具表演。一些远道的农牧民自带糌粑、甜茶早早地来到这里，演出还没有开始，就不时有心急的观众到后台看热闹。

娘热乡民间艺术团成员（图片来源：《讲述西藏》纪录片）

藏戏道具（图片来源：《讲述西藏》纪录片）

等待观看藏戏的牧民（图片来源：《讲述西藏》纪录片）

　　娘热乡民间艺术团最初只有 18 名演员，近年来扩增至到 67 名。2008 年，艺术团迎来了最辉煌的时刻。在北京奥运会的开幕式表演上，娘热民间艺术团一展风采，代表西藏把藏戏艺术带到了国际舞台。今天，娘热乡艺术团的成员戴着蓝面具表演藏戏。然而，藏戏最初的面具是藏戏创始人唐东杰布白发白须的模样，用白山羊皮制作。戴着白面具唱戏的藏戏就叫作白面具戏，属于旧派。

蓝面具（图片来源：《讲述西藏》纪录片）

白面具（图片来源：《讲述西藏》纪录片）

如今，白面具戏的代表人物在拉萨市尼木县塔荣村，他就是74岁的老人欧洛巡巴。从十岁拜师学艺至今，老人已经有 64 年的艺术生涯了。五年前，尼木县白面具戏被西藏自治区政府评定为非物质文化遗产，并被列入保护名单。欧洛巡巴成为白面具藏戏的第四代传承人。从前，藏戏艺人大多是农奴，常年靠劳动和流浪卖艺为生，演出的装备要自己解决。为了传承发展白面具藏戏，尼木县政府专门给欧洛巡巴的藏戏拨了一笔经费。欧罗巡巴用这些钱购买了一些崭新的演出服装，并招收了几名年轻演员。在欧洛巡巴看来，有年轻人的加入，才是藏戏传承下去的希望。藏戏队的演员都是兼职唱戏，他们平时有的务农，有的做生意，参加演出能够给他们带来额外的收入。他们热爱藏戏，舞台也帮助他们焕发出夺目的光彩。

白面具藏戏第四代传承人欧洛巡巴（图片来源：《讲述西藏》纪录片）

次旦多吉老人（图片来源：《讲述西藏》纪录片）

这位名叫次旦多吉的老人，是藏戏国家级传承人、西藏自治区藏戏团著名导演。退休以后，老人不要报酬，到这家民间藏戏团做艺术指导，好让他们的表演更具专业水准。"鼓一响我就坐不住了，我现在都77岁了。我喜欢藏戏，的确喜欢，现在藏戏跟我的命连起来了。"

演出开始之前，演员们都要在舞台的正中央挂上一幅唐卡，献上青稞和哈达以表达敬意，唐卡上的人物是藏戏的鼻祖、西藏高僧唐东杰布。

藏戏表演前都要悬挂的唐东杰布唐卡（图片来源：《讲述西藏》纪录片）

戏台下的观众越聚越多，井然有序，年轻人给老人和孩子让出了好位置，演出开始了。"藏戏跟观众好像水跟鱼一样的，谁也离不开谁。"这是次旦多吉老人作为"藏戏"传承人最真实的感悟。

4. 藏戏就是我的命根子

次旦多吉和妻子琼吉都是西藏自治区藏剧团的藏戏演员，演了一辈子的藏戏。按理说，退休后可以开始享受人生，然而，他们夫妻每天的生活轨迹却没有发生太大的变化。妻子琼吉遵守着藏族习俗，每天早早起床，五点钟就踏上了转经道。次旦多吉也没有闲着，只因为依然放不下对藏戏的热爱。他欣然接受了拉萨市城关区娘热乡民间艺术团团长米玛的邀请，去给艺术团的年轻演员们指导授课。然而，这一干就是四年，老人在这四年里收了300

多名学生，个个都是喜欢藏戏的年轻人，却没有收取过一分钱的报酬。

"我做这些就是为了把藏戏搞好，藏戏就是我的'命根子'，只要我身体状况还允许，我就会尽可能地为藏戏做贡献。发扬传统民族文化，这是我毕生的梦想。"次丹多吉老人说。曾经，老人为找不到接班人而感到非常苦恼，现在收了那么多学生，已经是心满意足了。按照老人的话说，"政府和相关部门大力推动藏戏的发展，又帮助发行了我指导录制的八大藏戏的光碟，现在，我已经没有了任何顾虑和遗憾，就算是离开，也可以安心了。"

据了解，作为传统藏戏传承人，次旦多吉每年都可享受到政府提供的藏戏发展补助金。但为了藏戏的发展，他把这些钱全部拿了出来，用于给学员买演出服、道具等，"我所做的只是让更多人了解藏戏、学习藏戏，将藏民族的优秀传统文化传承下去。"

次旦多吉每个周末都会到拉萨市城关区娘热村这个民间藏戏团，为年轻藏戏演员们传授藏戏艺术经验（图片来源：《西藏商报》）

1938年，次旦多吉出生在山南的一户藏戏班家庭。这户家庭的男女主人都是旧西藏的藏戏班觉木隆的演员。次旦多吉在家中众姊妹里排行老四。为

了生计,次旦多吉的父母带着五个兄弟姐妹在民间演出卖艺。那时候,次旦多吉家属于社会阶层中的差巴,也就是旧西藏领种地方政府的差地,即为地方政府和所属农奴主支差的人。而藏戏艺人在社会上也得不到尊重。每年雪顿节,去罗布林卡演藏戏,就是次旦多吉家为贵族服务的差役。那时候,次旦多吉跟着父母演戏、卖艺,勉强维持一家生计。也许是家族的遗传,艰苦的生活并没有影响次旦多吉对藏戏的热爱,藏戏艺术的天赋让他在这个舞台上大放异彩。他从山间田野唱到了灯光璀璨的舞台,从旧西藏的唱戏班唱到了新西藏的藏剧团。

"我从8岁就开始学习藏戏,出生后听到的第一个声音来自藏戏,看到的第一个画面是藏戏服装。所以我从降生就与藏戏结下了不解之缘。小时候,只要能和父母一起学唱藏戏,我觉得比吃糖还高兴"。聊起藏戏,次旦多吉马上就来了精神:"藏戏大约起源于距今600多年以前,它的种类非常多,流派也很多,但最主流的是蓝面具藏戏。在过去,只有在藏历新年的时候才会表演。现在演出机会多了,各种大大小小的庆典上都会有藏戏表演。老百姓都非常喜欢这种表演形式,有的人一看就是一天,大家喜欢看,演员们演起来才会有动力。"

或许是受父辈的影响,或许是出于对民族文化的热爱,次旦多吉老人说,他的身体内,每个细胞都会表演藏戏,藏戏就是他的生命,藏戏对他是无价的。就连睡觉、生病也不忘藏戏。"晚上睡觉时,我经常会被老伴给叫醒。原来是我做梦,把老伴给吓醒了。我经常梦到在教学生们唱、跳藏戏,所以我的手脚都在动,嘴里还哼着藏戏",次旦多吉老人说。

在次旦多吉老人看来,优秀的艺术家往往都有着很丰富的演出经历。"我记得有一次到牧区演出,我扮演的是一个'土匪头子',我把这个人物的阴险狡诈通过语言、肢体很形象地表演了出来。或许经验所致,当时塑造得比较成功吧,观众们看了之后都对我非常'恨',恨不得马上立刻把我抓起来揍上一顿。演出结束后,吓得我都赶紧躲了起来。"这次不同的演出让次旦多吉更加明白,好的演员不一定非要扮演正面角色,反而让人恨之入骨的"反面典型"更能深入人心。

正是有了丰富的表演经验,次旦多吉在教导徒弟时才会更有底气:"我一直在告诉我的学生,表演时要忘记你是谁,专心演出角色,把那个形象深深地留给观众,不然你在台下受的那些苦、受的那些罪就全白受了。"

从差巴的孩子到藏戏传承人,这是次旦多吉的艺术人生。一张面具,一出藏戏,一个执着的传承人,因为他平凡的日复一日,执着的年复一年,才使得新时代的舞台上那朵藏戏的花开得更盛。

2008年,次旦多吉被评为国家级非物质文化遗产项目藏戏拉萨觉木隆派代表性传承人。如今,为了让藏戏更好地传承下去,接近80岁高龄的他依旧孜孜不倦地在向更多人传授藏戏的表演技艺。

5.一位唐卡大师的壁画情缘

每周一、三、五的清晨,罗布斯达都会早早收拾好东西,步行前布达拉宫的坛经殿,在昏暗的灯光下,开始他的壁画修复工作。

这项工作,罗布斯达已经做了7年。

临摹是罗布斯达壁画修复工作的重要内容(图片来源:中国西藏网)

与壁画结缘

17世纪，第四世班禅的近侍画师曲英嘉措活佛在旧勉唐派唐卡基础上，融合了中原、印度等地的优秀画法，创立了新的画派，即流传300多年的勉萨派。日喀则拉孜县的绒措平康家族就是勉萨派唐卡的继承者。

罗布斯达就出生于这个唐卡世家。如今，他已是勉萨派第四代继承人，国家级非物质文化遗产唐卡勉萨派传承人。

2004年，来自布达拉宫的徒弟的一个电话，让罗布斯达与壁画修复工作结缘。

当时，敦煌研究院的工作人员在对布达拉宫壁画进行查检，发现其中一幅壁画有A4纸大小的部分出现脱落。于是，他们找到了罗布斯达的徒弟。徒弟便给罗布斯达打了一个电话。第二天，罗布斯达即赶到现场，仔细查看了脱落了的壁画，回家翻阅相关资料。两天后，壁画修复完成，恢复了跟原画近乎一样的效果。罗布达斯的工作到了相关专家的高度认可。在布宫，罗布斯达接受了专家敬献的哈达。

昏暗的灯光下，一位艺术家对艺术的执着追求和无私奉献（图片来源：中国西藏网）

其实，这并不是罗布斯达与壁画的第一次结缘。

早在 1987 年，罗布斯达就与爷爷一起参与了国家重点文物保护单位扎什伦布寺五世至九世班禅大师灵塔殿的壁画绘制工程。1991—1992 年，他参与了萨迦寺八思巴法王宫殿的壁画绘制工作；1993 年，他参与了扎什伦布寺修建十世班禅大师灵塔殿的壁画绘制工作并担任乌琼；1994 年，负责色拉寺藏巴康赞的壁画绘制工程……

在大量的实践工作中，罗布斯达的壁画绘制技艺日臻成熟。于是，2005 年，布达拉宫管理处向他伸出了橄榄枝——担任世界文化遗产布达拉宫红宫坛城殿里的珍贵壁画修复和临摹工作。

壁画年代久远，残缺不全，修复难度很大。（图片来源：中国西藏网）

布达拉宫坛经殿壁画的唯一修复者

去布达拉宫坛经殿游览的游客，也许会注意到一位中年人。他拿着画笔，专心致志地临摹壁画，对往来的一切事物似乎视而不见。他，就是罗布斯达。

世界级文化遗产布达拉宫始建于 1300 多年前，内部珍藏有大量的珍贵壁画，但由于木结构建筑和雨水等自然原因，再加上近年来游客的增多，年代久远的壁画部分开始脱落。

壁画修复迫在眉睫，但人员去哪里找呢？这让布达拉宫管理处处长费劲了脑筋。忽然，他想起了曾经成功修复过壁画的一个人——罗布斯达。罗布斯达精湛的技艺和相当成熟的经验给管理处处长留下了深刻的印象。

2005年，布达拉宫管理处正式邀请罗布斯达担任坛经殿的壁画修复工作。在坛经殿内，有专门为罗布斯达搭建的工作台，唐卡的支架放置在工作台上，上面悬挂一盏灯泡照明。

经验丰富的罗布斯达对于壁画修复工作并不陌生，唯一感觉不适的是眼睛。因为布达拉宫对于灯光要求相当严格，而且原来的老房子光线都不好，再加上壁画反光，一天下来，罗布斯达的眼睛就有些受不了了。

身体的不适是一方面，另一方面则是艺术上的要求非常高。坛经殿珍藏的大部分是18世纪的珍贵壁画。跟唐卡不同，壁画都是佛经故事。坛经殿的壁画因年代久远，有些人物辨认不清，而且绘画风格与现代迥异。更为复杂的是，坛经殿的壁画虽然是佛教题材，但其人物故事非常罕见。虽然在佛经上有记载，但在其他寺庙中几乎见不到，唐卡中也没有相关人物。罗布斯达需要翻阅大量的资料，根据年代风格，再加上自己多年经验得出的判断，补足中间的缺漏环节。

这项工作非常烦琐，对画师的要求非常之高。罗布斯达感到自己肩上的重任，因此他不敢稍加懈怠，每天勤奋工作，向18世纪的艺术家们致敬，向深深眷恋的西藏土地尽自己的一份力。

如今，7个年头过去了。坛经殿的工作也已接近尾声。罗布斯达为能与布达拉宫结缘而感到荣幸。

在罗布斯达看来，绘制壁画最重要的一点即是遵循传统。各大壁画派别在画风、细节处理上或许有所差别，但在墙壁处理技术以及配制颜料方面，都遵循着最古老的传统。其中，第一步也是最重要的步骤，就是墙壁处理，这关系到壁画完成后的保存时间。在动笔之前，画师们首先将牛皮胶按比例兑水调和，均匀地涂在墙壁上，再刷上较浅的底色，墙壁处理才算基本完成。

除此之外，墙壁本身的材质也很重要——绘制在传统土石建筑上的壁画，能保存几百年。但如今大多数建筑采用水泥涂墙"可能是水泥和传统的矿物颜料起了化学反应,颜色保存不了多久。1987年,我去为扎什伦布寺班禅灵塔殿修复壁画,当时修复那个建筑用了水泥,壁画就绘制在水泥墙上,前两年我去看的时候,发现壁画已经变色了",罗布斯达遗憾地说道。

墙壁处理完成后,画师就可以开始在墙面上绘制草图。绘制草图要用到一种特制的炭笔,炭笔是通过烧灼树枝得来。用这种炭笔作画,笔触柔软,手指轻轻一抹就能擦干净,非常便于擦拭修改,省去了用橡皮的麻烦。然后再用墨仔细勾勒草图轮廓,最后再涂上各种颜色。为了突出效果,部分壁画还要贴金箔装饰、用纯正的冷金粉描绘。整体绘制完成后,金粉绘制部分需要用特制的天珠笔细细打磨,才会闪烁光彩。待全部绘制工作完成后,画师们会在壁画表面涂一层牛皮胶以保护壁画,不过据罗布斯达介绍,自18世纪末以来,大多数壁画表面的牛皮胶已被清漆所取代。

传统工艺,传统用料(图片来源:中国西藏网)

壁画传承义不容辞

年轻时,与爷爷等壁画前辈一起工作的经历,罗布斯达至今仍历历在目。前辈们技艺精湛,而且对绘画要求非常之高,如何用笔,如何选料,都非常讲究。

如今，老一辈艺术家相继离世，有感于传统技艺濒临失传，罗布斯达感觉自己应该为之做些什么了。

2001年，罗布斯达开办了"勉萨派唐卡艺术发展中心"，现在成为国家级非物质文化遗产项目藏族唐卡—勉萨派保护单位，培养了大量唐卡艺术人才。

罗布斯达壁画作品（图片来源：网络图片）

在艺术中心，罗布斯达亲力亲为，教授学员一边学习唐卡，一边学习壁画。学员因材施教，不分学制和年龄，分为初级班、中级班和高级班。只要有机会，罗布斯达便会安排学徒们逐步参与实践，在他看来，不论是唐卡还是壁画，没亲自画过，只能算是纸上谈兵。但是，要成为罗布斯达的学员，有两个要求：一是懂藏文，二是肯吃苦。不懂藏文，就没有办法背诵《造像度量经》，也就无法掌握绘制各种佛像的比例；不能吃苦，又如何专心坚持枯燥的练习。这两点，正是一个合格画师必须具备的条件。

在布达拉宫修复壁画的几年里，罗布斯达感觉到传统壁画技艺已经走向没落，会的人越来越少。于是，他查资料做研究，搜集大量材料，将壁画绘制技艺申报了西藏自治区非物质文化遗产。相关部门非常赞赏，目前正在审批中。这就是罗布斯达与壁画的情缘。

"传统技艺不能失传，应该得到更好的保护和传承"，罗布斯达一再强调说。

6. 酥油花：美丽而残酷的艺术

徜徉在拉萨古老的街道上，体味着异域文化不同风情的你，很可能在街角古朴的寺庙里，被一簇簇绽放的"花朵"吸引。虽无鲜花的芬芳，但在你眼神注目的一刹那，犹如千丝万缕清香扑鼻而来，绵绵柔情荡漾在你胸怀。这就是雪域高原上神秘的花朵——酥油花。

酥油花（图片来源：网络图片）

说是"花"，其实是以酥油为原料制作的各种佛像、人物、山水、亭台楼阁、飞禽走兽、花卉树木，粗看则像放大了数倍的面人；细细观赏，则会发现酥油花工艺精巧、形象逼真、色彩绚丽，足以令人叹为观止。这些"花儿"大至一米到二米，小至十毫米到二十毫米。但不论大小，其姿态无不栩栩如生，再配以鲜艳夺目的色彩，涂以金粉银饰，显得富丽堂皇，观赏者往往惊叹"番僧巧夺天工"。

酥油花的制作极端艰辛，由于酥油的融点很低，15℃就会变形，25℃左右就会融化，所以酥油花必须在寒冷的冬季才可制作。寺院里都有自己的艺僧，这些艺僧从农历十月就开始筹划，直到第二年的正月十五才告终结，以在这日开始供佛，酥油花的制作就在这寒冷的三个月里完成。除制作者之外，整个制作过程都对外人保密。

在制作的过程中，为了防止因手指体温对制作的影响，虔诚的艺僧们便去高山采来冰块雪水，将手放在水中浸泡降温，然后再捏，一旦手温回暖，必须再次浸泡、抓冰块，让手指保持冰凉，如此反复。一尊酥油花的造像捏完时，有些艺僧的手已经被冻伤甚至冻残。于是，一些艺僧倾尽一生的心血和手艺也许只为塑出一尊酥油花。

据详细介绍，一尊酥油花的完工需要二三十个僧人，长达三个月的低温作业，一位制作者一生只能制作两到三年，完成四至五幅作品，因为他的手已经不可能再做了。

酥油花艺术品（图片来源：网络图片）

而这些绝品的酥油花，或许只有一年的生命，第二年还有前赴后继的艺僧再一次重塑这些珍品。就这样，年复一年，阴暗的花房里，喇嘛艺僧们寒冷的手指尖汩汩流淌着属于春天和梦想的温暖色彩，在他们的心中，酥油花是会说话的花儿，讲述着尘世的渴望和藏传佛教世界的五彩缤纷，讲述着美丽，讲述着向往。

酥油花作为宗教艺术的皇冠明珠，如昙花般盛开，又在最美的刹那凋谢，它那短暂而奇异的美，让我们看到了艺术创作的伟大，看到了喇嘛艺僧们对佛的虔诚之心和对宗教艺术的献身精神。那苍白而僵硬的手指，也让我们感受到绝美的残酷，或许这就是艺术和生命的本质所在。

美妙的传说

酥油花最早产生于西藏苯教，是施食供品上的小小贴花。关于酥油花的由来，有许多美妙的传说。

传说一：相传释迦牟尼生前曾做一梦，梦见眼前天花飞舞，万紫千红，一派奇妙景象。然而一觉醒来，方知是梦中的昙花一现。以后每至此日，各大寺院都要供献花灯，再现佛梦景象，成为定制，相传至今。

传说二：公元641年，唐朝宗室女文成公主进藏同藏王松赞干布完婚时，带去一尊释迦牟尼十二岁的等身佛像，供奉在大昭寺内，吐蕃人民为了表示敬意，在佛像前敬献了供物，按照佛教的规矩，佛像前的供物有六种，即花、涂香、圣水、薰香、果品和佛灯，以表示"六度"（布施、持戒、忍辱、精进、禅定、智慧）。因时至冬日，六供之一的鲜花无处寻觅，聪明的吐蕃人民就用草原上最纯洁的酥油做成花供奉，从此，用酥油做成的花献佛成为习俗。

传说三：1409年，藏传佛教格鲁派领袖宗喀巴大师在藏历正月初八至十五日，为了纪念佛祖释迦牟尼，他不分教派门户，汇聚万名僧人，在拉萨大昭寺举行发愿祈祷大法会。法会期间的一个晚上，大师在梦中看到遍地的荆棘变为明灯，杂草化为鲜花，世间顿显万千奇珍异宝，光彩灿烂，富丽辉煌。大师醒后，异常兴奋，认为这是佛祖的点化。于是，组织僧众用酥油塑成花木佛像、山川景物，连同酥油灯一起供奉在佛像前。此后一直延续下来，形成民间节日，称为"觉阿却巴"，意为正月十五酥油花灯会，俗称"灯节"。后来，用酥油花供奉佛像的习俗传到了大师的故乡塔尔寺。

传说毕竟是传说,然而,藏传佛教的各寺院很久以来大都有展示酥油花的习俗,只是规模大小和制作水平的高低不同而已。酥油花传入宗喀巴大师的诞生地塔尔寺,可谓"青出于蓝而胜于蓝"。塔尔寺酥油花后来者居上,展示规模和塑造水平远远超出了藏区其他各寺,成为酥油花艺术的一面旗帜。

二、讲述:宗教艺术的重量

1. 西藏的百科全书——唐卡

简介

在藏传佛教任何一座寺院,佛堂僧舍,乃至许多信徒家中,都悬挂有唐卡。它是皈依佛门的标志,是信奉者顶礼膜拜的对象。

唐卡也叫唐嘎,是藏传佛教中特有的宗教艺术的极为重要的表现形式。具体来讲,其是流行于藏区的一种宗教卷轴画,通常绘于麻棉、帛、丝等材料上,是可以移动携带的神像。

唐卡的题材包罗万象,有宗教画、传记画、历史画、反映生活习俗的风俗画,也有反映天文历算和藏医藏药、人体解剖图的科学画等。它们具有通俗性、趣味性、知识性、宗教性、工艺性等特点,历来被藏族人民视为珍宝,被誉为藏族的"百科全书",也被誉为中国民族绘画艺术的珍品。2006年,唐卡被列入我国第一批非物质文化遗产保护项目。

"唐卡"是藏语。"唐"的含意与空间有关,表示广袤无边。就像在一块布上,既可画几百甚至上千尊佛,也可只画一尊佛。"卡"指的是空白被填补。

唐卡中最常见的是宗教画——佛像,一般中心位置是主要人物,从画面上角开始,围绕着中心人物,按顺时针方向,与中心人物有关的人物、活动场所或故事布满一周。每轴唐卡画一般描绘一个比较完整的故事。画面的景物随故事情节的需要而变化,不受历史、时间、空间的限制。有的唐卡面积可达几十甚至上百平方米,构图很完整,十分壮观。由于工匠们画风质朴,色调协调,造型生动,内容多以佛像和经变故事为主,所以深受各个藏传佛教寺庙的欢迎，纷纷被请去为佛堂等处作画装饰。

宗喀巴大师唐卡（图片来源：藏族唐卡网）

阿弥陀佛极乐世界唐卡（图片来源：藏族唐卡网）

流动的庙宇

唐卡常被称为流动的庙宇，或者可移动的随身佛，一幅唐卡就是一座穿越时空的佛殿。唐卡的出现与藏族民众的生活特点有关。早期的藏民族全民游牧，在广袤荒凉的高原上逐水草而居,信仰佛教的他们不可能随着游走到处盖起寺院,需要一件方便携带,可随时随地供奉的圣物。唐卡这种卷轴画就应运而生了,它比塑像更轻,也不同于壁画。牧民们赶着牦牛走到哪儿,他们就把唐卡带到哪儿,系挂在帐篷里,甚至哪怕是头顶的一根普通树枝上,只要展开唐卡,它就是一种象征,让藏民们祈祷、礼拜、观想,或保佑逝去的亲人。渐渐地,唐卡的身影延伸进了寺院和家庭,成为藏民们的修行依托和心灵日记。最小的唐卡仅有巴掌般大小,画在纸上、布上或羊皮上;而大的唐卡可达几十甚至上百平方米,每年择吉日而向广大信众示现,当其缓缓展开后,竟能遮住整整一面山坡!

用专业的术语讲,这叫作晒佛,又叫展佛。晒佛节是西藏、青海、甘肃、四川、云南等省、区藏族人民的传统宗教节日。大都在藏历二月初、四月中旬或六月中旬举行,届时,各地寺庙将寺内珍藏的著名巨幅佛像唐卡取出露天展示,展示于寺庙附近晒佛台、山坡或巨岩的石壁之上。从保存保护的角度讲,这样可以防霉变和虫咬,但更重要的是,这也是寺庙僧人和信教群众对佛祖朝拜供养的一种特殊方式。传说不论是刮风还是下雨,只要佛一晒出来,马上就会变成晴天。

甘肃碌曲郎木寺展晒巨型释迦牟尼佛像唐卡(图片来源:中新网)

唐卡传说

关于唐卡的来源，主要有两种不同的说法，一种是起源于印度说书讲故事悬挂图像进行指点的习俗，传到中国后，喇嘛将它们作为传经讲佛的示意图，绘制在布料上便于携带和悬挂展示，后来，经日益完善，便变成了今天的唐卡艺术。另一种说法则是源于一个传说，相传吐蕃王朝第三十三任赞普松赞干布在得到一次神示之后，有感于佛法无边，便用自己的鼻血绘制成护法女神白拉姆的愤怒像，以表过自己的虔诚敬意。于是，这便成为了最初的唐卡，最终成为一种传统流传至今天。在西藏，每个受过传统训练的唐卡画师，都说得出这个传说。

不管唐卡来源于何处，但它的形成都与佛教息息相关，故每一幅唐卡都带有浓重的佛教色彩：或是藏传佛教中人物形象，或是一些佛教故事。有时候，多一份传说，多一份神秘感，更显得独具魅力。

唐卡的绘制和传承

在青藏高原，几乎每所寺院都有艺僧，而每所寺院旁边，也都居住着民间艺人，这些"携艺穿行"的无名画师，以有限的生命，献身于不断重复的画面之中，使艺术成为神圣，通过方寸布帛流传于民间。

作为藏传佛教修持以及传播的法门之一，佛教的兴盛自然带来了唐卡艺术的繁荣，各种唐卡艺术流派纷呈。经过不断地发展和演化，最后形成勉唐派、嘎玛嘎赤派、钦泽派、勉萨派、久刚派和尼泊尔派。

唐卡绘制极为复杂，用料极其考究，颜料全为天然矿植物原料，所有的颜料皆取自大地，不是珍贵的矿物就是稀罕的植物，其配制则完全靠手工操作，过程缓慢而复杂，甚至跟人的力气有关。比如白色和黄色需要由年轻男人来打磨，但蓝色和绿色则需要体弱无力的人慢慢研磨。用这些颜料绘制的唐卡色泽艳丽，可以历经多年却不变色，具有浓郁的雪域风格。其中对金色不可或缺的应用乃唐卡绝技。

绘制唐卡的颜料（图片来源：西藏旅游攻略网）

  绘制唐卡的步骤很多，包括选材、起稿、布色、渲染、勾复线、金色布设、修饰、装裱等。但如此复杂、精细的唐卡却是一种不能犯错的艺术，一笔画错，前功尽弃。因此绘制者都要格外静心，几个月心无旁骛地专注工作，才能造就一幅细节无限、美丽动人的唐卡。传统的唐卡师傅，一般12岁开始学艺，25—28岁到达创作顶峰，一旦上了年纪，眼神衰退，就很难继续绘制了。

  值得一提的是，藏传艺术中，无论是绘画或是雕刻，作者一般都不署名，唐卡绘画也不例外。它的绘制受到不可亵渎的神圣法则——"神佛造像法"的严格限制，一代代画师必须严格按照规范程式，千篇一律的绘制，从来不署名，只在背面用朱砂写上经咒（除非他本人是深受崇敬的佛学大师）。其实，对于唐卡画师们而言，制作的过程也是一种修行。虽然绘制所用颜料为矿物颜料，但画师们每画完一笔，都会把笔放在嘴里蘸一下，用口水将其湿润后再细心涂到画布上。用口水来调色是画唐卡的独特之处，虽然有害，但颜料中加入的藏药又有保健作用。所以对唐卡画师来说，绘画也是一种修行。

  信徒们相信，伟大的画师所绘画的唐卡是具有极大加持力的。这对唐卡画师们的创作是一种鼓励，也是一种限制。对于画中主题的构图、形象、比例、颜色等，画师们都不能随意创造，而必须严格遵守图像与度量的规定。这对唐卡艺术的传承也产生了一定的限制，因为它的形式并不自由，艺术家的个人主观创造性难以得到发挥。所以一些人认为唐卡的画师不能算作是艺术家，而只能看作是画匠。然而这种评价无疑是不公平的，唐卡经过1300年的发展和传承，不管是从绘画技巧、制作工艺还是表现手法上都有非常大的发展。作为世界上最复杂的工笔画，不论从其绘制精度、构图繁复、品相细腻程度，还是用时之长久来说，唐卡都注定具有极高的艺术价值和收藏价值。

西藏人把唐卡画师统称为"拉日巴"，意思是画佛或神的人。他们手中都有一份世代相传的范本，必须遵循。范本中记载着至少八种成套的造像尺度，无论是姿态庄严的静相神佛，还是神情威猛的怒相神佛，所有的造像都有相应的比例，不得修改。因此，要成为一名唐卡画师，除了本身的兴趣与天分外，还必须有虔诚的宗教信仰，受过正统而严格的宗教训练。除了绘画的专业技法外，还需要背诵经书，熟记各种经典中的教义、仪轨、图像及度量。所以唐卡制作者具备专业画师与宗教修行者的双重身份。

唐卡艺术的主要流派

唐卡作为西藏文化的名片之一，经历了上千年的传承与演变，并在其发展和演化过程中逐渐发展出不同的绘画流派，主要分为勉唐派、嘎玛嘎赤派、钦泽派、勉萨派、久刚派和尼泊尔派。前四种画派都已经入选国家级非物质文化遗产名录。

勉唐画派与勉萨画派

勉唐画派又译称"门赤画派"，是藏区近代影响最大的绘画流派，以拉萨为活动中心，主要流行于卫藏地区。

该画派的创始人是勉拉·顿珠嘉措，他出生于洛扎勉唐（今山南地区），勉唐画派由此而得名。勉唐画派艺术产生并形成于赞普时代，兴盛于帕竹时代中期至甘丹颇章时代。画派创始人勉拉·顿珠嘉措成家后因与妻子不和而出走，流浪途中在羊卓达陇拾得一套画笔和一本配有范画插图的书籍，由此萌发学艺的愿望。为拜师求艺，他来到后藏萨迦等地，在日喀则遇到著名画师朵巴·扎西杰巴。在名师的指导下，顿珠嘉措刻苦钻研绘画，成就卓然。

《黑阎罗坛城图》——元代布画唐卡局部,为勉唐派早期作品代表(图片来源:网络图片)

　　勉拉·顿珠嘉措不仅绘画技艺高超,在艺术理论方面亦卓有建树。其传世之作《造像量度如意宝》,详细论述了绘画和雕塑的造像量度,指出了某些书籍在造像量度上出现的错误及由此带来的恶果,阐述了藏画的实践方法。并博采众长,创立"勉唐钦莫"画派(旧勉唐派)。该画派造像法度精严,与传统的块面表现相比，尤其注重线条的运用，线条工整流畅，色调活泼鲜亮，变化丰富。旧勉唐画派的画风承袭了印度—尼泊尔绘画样式，但在背景处理上加进了带有地方特色的风景和花卉纹饰，线条匀称精到，浅淡施色加金线勾勒，富丽多姿。

该画派人才辈出，技艺精湛。三世达赖喇嘛索南嘉措时期（16世纪中叶）的著名画师陈嘎瓦·班丹罗追桑布活佛和五世达赖喇嘛阿旺罗桑嘉措时期（17世纪中叶）的著名画师洛札·丹增诺布、群青·珠古次仁、素钦·切央让追、那则达龙·白贡等都是极富成就的大师。其中第十世噶玛巴曲英多吉和同时代的曲英嘉措活佛最为杰出。十世噶玛巴曲英多吉（1604—1674），8岁便能绘制精美佛像，又通雕塑与刺绣工艺，被誉为神童。早年严格遵循勉拉·顿珠嘉措画风，中期画风一变，创噶赤画派之新风。在理论上造诣颇深，是当时造像量度和雕塑材料的权威。

17世纪末18世纪初，勉唐画派进入鼎盛时期，优秀画师层出不穷。现在遗存在布达拉宫、罗布林卡及拉萨哲蚌、色拉、甘丹三大寺的壁画、唐卡多为勉唐画派画师所绘。西藏绘画发展到新勉唐画派时走向了成熟和繁荣。西藏历代画师经过若干世纪的实践，将早期流行的印度—尼泊尔样式与元以后汉地明清艺术因素的影响融会贯通，逐步形成了藏民族独特的宗教绘画样式，勉唐画派可谓是集大成者。与印度—尼泊尔风格较浓郁的"钦则画派"和受汉地艺术影响明显的"噶赤画派"相比较，勉唐画派绘画呈现出更为纯粹的本土画风和更明显的变通意识，民族特色亦更为强烈。在构图上，勉唐画派绘画中尊大像尺度稍枣核描为主，同时根据不同的表现对象而加以多样的变化。17世纪以后出现的黑唐、金唐及赤唐尤能体现出该派线条的无穷魅力。

勉萨画派是从勉唐派画法的基础上发展而来的。勉萨中的"萨"在藏语中是新的意思，意指从勉唐派发展出的一支新的画派。勉萨画派形成时期则是17世纪中叶，由当时最著名的画师秋英加措创立。秋英加错曾经做过四世班禅的专职画师，扎什伦布寺中的壁画大都是他的作品。五世达赖喇嘛在重建布达拉宫时，还专程请他绘制布达拉宫白宫的壁画。秋英加措继承旧勉唐画派精华、吸收汉地绘画的某些因素的基础上，开一代新风，创立"新勉唐画派"，为该派的发展作出了重要贡献。秋英加措建构了近代勉唐画派的基本格局，并同格鲁派建立了联系，获得政治、宗教和经济上的有力支持，为该派的发展壮大建立了不朽功勋。

钦则画派

画派是因其创始人为贡嘎岗堆·钦则钦莫而得名。

钦则画派唐卡（图片来源：网络图片）

钦则画派形成于15世纪中叶以后，主要流行于后藏和山南地区。钦则钦莫自幼酷爱美术，幼年时即能准确地描绘山川日月和飞禽走兽，成年后醉心于佛画，师而能化，风格自成一体。其艺术风格直接承袭14世纪流行于后藏地区的绘画样式并有创新。钦则画派与勉唐画派的出现为14—15世纪上半叶流行于卫藏地区的印度—尼泊尔绘画样式画上了句号，为中世纪后期本土藏族绘画样式的形成、发展作出了重要贡献；画坛将这两个画派合称为"勉钦两画派"。

钦则画派在构图上保持了印度—尼泊尔绘画传统中主尊像较大的特点，重点突出，周围众小像排列井然有序。但在风景表现中已开始融合汉地绘画的表现程式，逐步形成藏民族绘画语言体系。据传山南多吉丹寺的壁画即出自钦则钦莫之手。对于勉、钦两派，画界历来有"一文一武"之说，勉派尚"文"，钦派尚"武"。比较而言，钦派更擅长绘制怒相神，其面相威严孔武，人物造型丰满圆润，形象稳健而又多跃然舞姿，动中有静、刚柔相济，颇具阳刚之美；色彩表现沉着饱满，善于使用对比色，强烈而跳跃，配色细腻讲究，装饰味很强。钦则派还善于绘制坛城，样式独特，刻画精致绝伦，纹样繁密华丽，令人叹为观止。钦派似与中世纪在后藏相当流行的密宗美术有着密切的联系。

钦则画派在构图上保持了尼泊尔绘画中主尊较大的特点，但在风景表现上开始吸收汉地的绘画风格。这个画派尤其擅长表现具有阳刚之美的愤怒像，坛城的绘制精彩绝伦。

噶玛嘎孜画派

噶玛嘎孜画派属于藏族唐卡的三大流派（勉唐画派、钦泽画派、噶玛嘎孜画派）之一，流行于藏区东部，以四川省甘孜德格和西藏昌都为中心，相传在16世纪由南喀扎西活佛创建，以噶玛巴大法会而得名，又译"嘎玛嘎赤画派"，亦简称"噶孜派"。

噶玛嘎孜画派的风格来源较为复杂，其创派人物南喀扎西活佛以南亚梵式铜佛像为范，深受勉唐派绘画大师嘎丹夏觉巴·页觉彭德的影响。经与南喀扎西同时期的八世噶玛巴活佛米久多吉总结先师及自己的经验，撰成《线准太阳明镜》，从而奠定了噶孜画派的理论基础。

噶玛嘎孜画派作品（图片来源：网络图片）

其后，十世噶玛巴曲英多吉从一套罗汉丝绢唐卡中发现了汉族界画和青绿山水技法的妙处，开始以工笔重彩绘制唐卡，作品具有浓重的汉族风格，有别于卫藏地区的勉唐、钦则两大画派。在南喀扎西之后，又有两名画师继承了噶孜派画风，一是却吉扎西，以青绿设色著称；一是噶旭噶玛扎西，以独创出新著称。他们与南喀扎西一道，被誉为"噶孜三扎西"。

继"噶孜三扎西"之后，康巴炉霍郎卡杰大师的微型唐卡堪称一绝，而被誉为工巧天毗首羯摩化身的德格普布泽仁大师留存在德格印经院的画版几乎成为噶孜画派的范本。噶孜画派承传谱系十分明晰，历代名家辈出。派系传承中因地域、师承诸种关系而派生分支，导致风格变化，形成"旧噶孜派"和"新噶孜派"。

噶孜画派最显著的特点是施色浓重，对比强烈，画面富丽堂皇，故在数百年中逐渐形成一套颜料制作与使用的特殊技法。创作中以白、红、黄、蓝、绿为母色，能调出9大支32中支进而变化出158小支诸种色相。黄金的运用是藏传佛教绘画的一大特色，使用金色被视为对神佛最神圣的供养。噶孜画派有一套研制金汁及涂金、磨金、勾金线、刻金、染金的绝技，可将金色分成多种冷暖变化，可在黑底上用金线勾画十几种不同的层次效果，还可在大片涂金的地方用九眼石制成的笔摁出各种线条。

2. 藏文化的活化石：藏戏

简介

藏戏是藏族戏剧的泛称，藏语名叫"阿吉拉姆"，意思是"仙女姐妹"。据传藏戏最早由七姐妹演出，剧目内容多是佛经中的神话故事，故而得名。藏戏原起源于藏族的宗教艺术，后从寺院宗教仪式中分离出来，逐渐形成以唱为主，唱、诵、舞、表、白和技等相结合的生活化的表演。

藏戏起源于距今600多年以前，比被誉为国粹的京剧还早400多年，被誉为藏文化的"活化石"。2009年，入选联合国人类非物质文化遗产名录。藏戏是一个非常庞大的剧种系统，由于青藏高原各地自然条件、生活习俗、文化传统、方言语音的不同，它拥有众多的艺术品种和流派。西藏藏戏是藏戏艺术的母体，又通过前来深造的僧侣和朝圣的群众远播青海、甘肃、四川、云南四省的藏区，形成青海的黄南藏戏、甘肃的甘南藏戏、四川的色达藏戏等分支。印度、不丹等国的藏族聚居地也有藏戏流传。

藏戏表演（图片来源：网络图片）

藏戏原系广场剧，藏戏的艺人们席地而唱，不要幕布，不要灯光，不要道具，只要一鼓、一钹为其伴奏。他们别无所求，只要有观众就行。藏戏的服装从头到尾也只有一套，演员不用化妆，主要是戴面具表演。藏戏有白面具戏、蓝面具戏之分，但蓝面具戏是主流。藏戏的演出时间不等，短的只要几个小时，长的可连演几天，但每出戏一般都可分为序幕、正戏和告别祝福仪式三大部分。

面具——藏戏的面部化妆

藏戏面具由来已久，它在藏戏形成之前就已出现。与宗教面具相比，藏戏面具带有更浓的世俗倾向和民间色彩。在藏戏里，不同的面具色彩象征不同的身份特征。身份相同的人物所戴的面具，其颜色和形状基本相同。例如，善者的面具是白色的，白色代表纯洁；国王的面具是红色的，红色代表威严；王妃的面具是绿色的，绿色代表柔顺；活佛的面具是黄色的，黄色代表吉祥；巫女的面具是半黑半白，象征其两面三刀的性格；妖魔的面具青面獠牙，以示压抑和恐怖；村民老人的面具则用白布或黄布缝制，眼睛、嘴唇处挖一个窟窿，以示朴实敦厚。

藏戏演员的面部化妆，一种是把脸谱画在脸上，另一种是戴假面具。面具，藏语称为"巴",是藏戏艺术独有的面部化妆手段。

(图片来源:百度)

面具运用象征、夸张的手法,使戏剧中的人物形象突出、性格鲜明,这是藏戏面具在长期发展过程中得以保留的重要原因之一。

藏戏传说

关于藏戏的起源,有一个动人的传说。

相传在很久以前,被藏族人民视为摇篮的母亲河雅鲁藏布江上没有桥梁。数不清的牛皮船被掀翻在脱缰野马般的激流中,许多试图过江的百姓,被咆哮的江水吞噬。

于是,年轻的僧人唐东杰布许下宏愿,发誓架桥,为民造福。但那个时候,修架铁索桥谈何容易,一无所有的唐东杰布只招来一阵哄堂大笑。有人嘲笑他是彩云里跑马,石板上耕田,干脆给他取一个外号叫"尊珠仰巴",意思是疯喇嘛。他没有气馁,也没有退缩,而是日复一日、年复一年地努力着。

他不畏辛劳，跋山涉水，广泛地向民众讲明了搭桥的意图，赢得了许许多多的人信赖和政府官员的支持。终于在1430年在雅鲁藏布江上首次建成曲水铁索桥。此后，唐东杰布为了募集更多的资金修桥造船补路，邀请了山南琼结县白纳家的7名貌似天仙、能歌善舞的姐妹，共同组成了藏戏班子，这就是西藏的第一个藏戏班，唐东杰布因此成为"藏戏"的开山鼻祖。

唐东杰布将佛教经典中的传记同民间传说、神话故事等内容融在一起，创作出一种具有人物性格和舞蹈、唱腔相结合的表演艺术，使过去藏民族单一的跳神舞逐渐地戏剧化，表现手段也不断加强，并从宗教仪式中分离出来，形成了藏剧艺术的雏形。藏戏的种子随之撒遍了雪域高原。所到之处，人们为姑娘们俊俏的容貌、婀娜的舞姿、优美清新的唱腔赞叹不已，观众们惊叹道：莫不是阿吉拉姆下凡跳舞了吧！以后人们就将藏戏演出称为"阿吉拉姆"。

唐东杰布于是带领藏戏班用歌舞说唱的形式，表演宗教故事、历史传说，劝人行善积德、出钱出力、共同修桥。随着雄浑的歌声响彻雪山旷野，有人献出钱财，有人布施铁块，有人送来粮食，更有大批的农民、工匠跟着他们，从一个架桥工地，走到另一个架桥工地……就这样，唐东杰布一生共建筑了58座铁索桥。人们亲切地赞誉他为"铁桥活佛"。

据记载，唐东杰布幼时家境贫穷，牧羊为生。成年后当过兵，做过生意，后削发为僧，僧名尊珠桑布。

"觉木隆"：藏戏的传承与发展

在西藏，谈到藏文化就不能不说藏戏，而谈到藏戏就肯定说到"觉木隆"。"觉木隆"是拉萨堆龙德庆县的一个村落，而这个村落附近的一座寺庙，就是享誉几百年的蓝面具藏戏拉萨流派的缘起之地。觉木隆藏戏是蓝面具藏戏中内容最丰富、影响最广的流派。觉木隆藏戏流传至今，共有八大传统经典剧目，分别是：《智美更登》、《文成公主》、《诺桑法王》、《白玛文巴》、《朗萨雯蚌》、《顿月顿珠》、《卓娃桑姆》、《圣地传奇》和《苏吉尼玛》。

与拉萨觉木隆藏戏齐名的蓝面具戏还包括日喀则迥巴藏戏、香巴藏戏、江嘎尔藏戏三大流派。而这些流派的部分剧目均广泛深入地参考了觉木隆藏戏的八大剧目。

那么，觉木隆藏戏近些年的发展状况如何了？觉木隆仓决老阿妈的故事会告诉我们这个答案。

仓决，74岁，觉木隆村人，觉木隆藏戏老一代演员（图片来源：中国西藏网）

18岁师从村中前辈开始学习藏戏，老阿妈71岁高龄时还到拉萨参加雪顿节演出。老人家一生整整唱了56年的藏戏，目前虽然年事已高，腿脚不方便演戏，但仍然喜欢唱，也喜欢教年轻人唱藏戏。

如今，老阿妈虽然自己演不动了，但时常到戏队的排练现场看年轻人演藏戏，雪顿节的时候也会跟随戏队到现场去观看。老阿妈说："年轻的戏队出场前，我心里仍然会很紧张，同时也很期待孩子们出色的表演。"

觉木隆藏戏的演出剧目基本上都是最为传统的，很少有创新和加工。仓决老阿妈说，现在的生活不缺少新东西，而原汁原味的传统文化是最为宝贵的东西。如今，国家也重视，政府也积极保护，越来越多的人喜欢传统文化。觉木隆村原来十几个藏戏传承人，现在多数老人已经故去了，村里仅剩下三位藏戏传承老人。

老阿妈介绍说，她的家人和亲人已经先后有8个人参加了觉木隆藏戏队，她个人告别了藏戏舞台，但孙子多吉已经加入了藏戏队，并且多吉和他的前辈们一样热爱藏戏。多吉年龄虽然不大，可志气很高，他心里一直想着怎么好好演藏戏，怎么把藏戏发扬光大。

村里的年轻藏戏演员丹增卓玛现在也40多岁了，跟着仓决老阿妈学觉木隆藏戏已经多年。老人家说，丹增卓玛虽然也没有上过学，但学起藏戏来十分刻苦，一有空就到她家里。有时老阿妈教得累了，想坐下来休息一下，丹增就会蹲在她身边求教唱戏，似乎每一分一秒都不愿浪费似的，这让她非常感动。

其实，在觉木隆村里像丹增卓玛一样刻苦钻研藏戏的年轻人有很多，仓决老人相信这是觉木隆藏戏的前途。有了这一批批热爱藏戏的年轻人，觉木隆藏戏就不担心再断演。更何况现在政府这么重视和保护。"政策好，生活好，演出的道具、设备、环境等条件都好了，老一代的藏戏传承人可以安心地把肩负的重任交给这些年轻人了。"仓决老阿妈说。

3. 墙壁上的西藏——壁画

简介

壁画，墙壁上的艺术，即人们直接画在墙面上的画。作为建筑物的附属部分，它的装饰和美化功能使其成为环境艺术的一个重要方面。壁画是人类历史上最早的绘画形式之一。西藏壁画分布在寺庙、府第、宫殿、民宅、驿站、旅店等地方的墙壁上,而寺院则为壁画聚集之所。

在西藏星罗棋布的寺庙中,几乎所有的墙壁都绘满了绚丽多彩的壁画,如碧波无垠的海洋一般。置身其中,恍如步入神奇美妙的天宫或者阴森的地狱,沉浸在微妙缥缈的玄想之中。壁画是西藏传统文化艺术百花园中的一枝奇葩,也是世界绘画艺术宝库中的一颗瑰宝。

白居塔壁画:千手观音(图片来源:网络图片)

在西藏历史上,寺庙数量最多时达到了三千三百多座,有些寺庙规模巨大,最大的像哲蚌寺,僧人最多时达到7000多人,仅拉萨三大寺(甘丹寺、哲蚌寺、色拉寺)僧人就接近二万人。僧多就要增加僧人居住的地方(扎仓)和供佛、诵经的地方(拉康),因此,有很多寺庙拥有多座规模巨大的神殿和难以计数的僧舍。而且有很多大殿是多层的,每层都有回廊,院落或天井,所有殿堂墙壁、回廊墙壁、门洞墙壁,乃至几乎所有可绘制壁画的地方,都绘满了壁画,到处都是五彩缤纷的奇葩。试想一下,如果把这些壁画一幅幅地排列起来,眼前就会出现一个延绵不断、绚丽多姿、色彩缤纷的美丽画廊!

这是多么壮观的景象！然而，或许有人会问，这么多壁画，到底有多少呢？

据有关部门粗略统计，现保存在西藏寺庙、殿堂和一些官邸内的壁画，总数超过10万幅。例如，拉萨大昭寺的壁画面积就达44.0平方米，若将它变成1米宽的彩带，可以环绕八廓街5圈多。大昭寺壁画不仅保存了文成公主进藏宣传盛唐文化的业绩，也保存了唐代的壁画艺术；不仅是历史和艺术的珍品，也是汉藏文化交流的实物纪念。大昭寺建于公元7世纪文成公主进藏以后，至今已有1300多年的历史，历经兴衰重修，原来的壁画经过多次修缮着色，有些仍保留着原来的风韵，有些虽经反复修改涂抹，但仍不失原有的风韵。

白居塔壁画：神鸟（图片来源：网络图片）

西藏壁画的特点是技法丰富多变。绘制佛像，须严格依照佛法定规，画法多采用单线平涂，成像庄严肃穆，体态匀称；绘制历史故事和风俗画，则笔法古朴细腻，多采用俯瞰式透视法，以几何结构描绘人物和建筑物背景，画面别具一格。所用颜料均为传统的不透明的矿物颜料。与唐卡一样，绘制壁画所用的颜料内也调入了动物胶和牛胆汁，以保持色彩鲜艳，经久不褪。

西藏壁画中突出绘画的是人像，往往以巨大的篇幅绘制出一尊尊站立式或端坐式的大佛，而在其周围再画若干其他佛像。也有的是点缀其巨像活动的环境，并进行极为华丽精致的装饰。也有的壁画采用连环画图式，所有壁画色彩都很鲜艳，色彩缤纷、片片锦绣，极富吸引力和诱惑力，多用作对群众进行宗教、历史、道德等教育的形象教材。但从本质上说，壁画仍然是社会性的审美艺术。藏族艺术家们，根据其生存时代的需要，贡献出自身的智慧和才能，创作了极其丰富多彩的壁画，这些壁画极具浓郁的民族特色。

白居塔壁画：释迦牟尼（图片来源：中国文化网）

西藏壁画风格

藏族绘画起源于远古时代的岩画，西藏岩画的起始年代大约是在早期金属时代（公元前 1000 年—公元 6 世纪），题材十分丰富，包括人类社会生产生活的各个方面，还有很多描绘大自然和动植物的图案，如狩猎、畜牧、征战、演、神灵崇拜、舞蹈、动植物等，其中 80% 以上是动物形象，如鹿、牛、羊、马等，十分形象生动。壁画和唐卡是西藏绘画艺术的两大类别，唐卡是卷轴画，壁画则为绘在墙上的画，但壁画的题材比唐卡广泛，有历史事件、人物传记、宗教教义、西藏风土、民间传说、神话故事等。

西藏岩画（图片来源：中国文化网）

演武征战题材的岩画（图片来源：《中国西藏》杂志）

这是一幅表现演武和征战场面的岩画。岩画中的人物为武士形象，有的还戴着头盔，穿着铠甲。他们或执盾举刀，或摇旗呐喊，有的双方各执长矛作对刺状，有的双方徒手作角力状。甚至在画面的最下方还表现了步、骑双方作战的场景，骑马的一方高举双刀，跃马迎敌，步行的一方则持弓箭或长矛以待。从这幅岩画反映出古代高原部族已形成了某种半专门化的准军事组织，他们既能骑战，又擅步战，担负着抵御外敌、保卫本部落利益的任务。该演武征战内容的岩画正是在早期金属时代时期绘制而成。

西藏岩画绘制所使用的颜料为标准的赤铁矿颜料，这种颜料所表现的含义，一般认为是由于红色跟太阳、火焰、鲜血的颜色近似，因此当时的史前人类认为，在生产生活工具上涂绘这种颜色，就会产生非凡的力量，好与大自然进行抗争。

在西藏壁画中，最富有高原壁画特色的是牦牛图案。牦牛是青藏高原独有的动物物种，它们抗严寒、抗缺氧、吃苦耐劳，被誉为"高原之舟"，是藏族人民最喜爱的动物之一。而且这种喜爱显然是很有传统的，在西藏古老的壁画里，早期高原人对牦牛的深切关爱和细致入微的观察得到了生动体现。牦牛的艺术表现更是鲜明地体现出高原艺术特有的性格特征——简明扼要、生动夸张、表现风格的多样化。

岩壁上的牦牛壁画（图片来源：网络图片）

牦牛食性粗放，力气大，善爬山，耐高寒。一头用来驮运的牦牛，一般能负重40—50公斤，有的多达100公斤。每天行走20—25公里，不需休息。有时可以连续几天不吃不喝，驮运如常。牦牛的脚趾有一块坚韧的软骨，在崎岖不平的山道上行走自如。平时，马跑得比牦牛快，但在海拔五六千米以上的高寒地区，由于空气稀薄，马反而跑不过牦牛。尤其在雪原中和冰河上，牦牛比马行进稳当，老牧民翻越雪山或横过冰河时，宁骑牦牛而不骑马。在大雪封山的时候，藏族牧民往往让牦牛先行，牦牛能用蹄子和嘴扒开积雪，开辟道路，而且牦牛识途，是牧民们可靠的向导。最有趣的是，牦牛过草地沼泽，可以像船一般地漂浮着身体，贴着沼泽表面慢慢吞吞地跨越过去；如果陷得深了，它会自动停止前进，另觅新途。正因为牦牛有这么多优点，所以藏族牧民亲切地称它为"诺尔"（宝贝之意）。

壁画的创作也会突出牦牛的某些局部特征，例如通过夸张牦牛的拱背和牛角，表现出牦牛雄厚孔武的躯体与强有力的动态。有一种"简影"式画法很可能属于壁画中的早期风格。这类牦牛多为通体凿刻，饱满浑圆，体积不大却气势磅礴，大尾小头，拱背垂腹，四肢短而有力，牛角弯成半圆形或干脆为圆形。

岩壁上的牦牛壁画（图片来源：网络图片）

岩壁上的牦牛壁画（图片来源：网络图片）

西藏民居壁画

壁画在西藏可以简单分为室内和室外，室外以外墙壁画为主，室内则分为寺庙内及民居内。但是，民居壁画与寺院内的壁画相比，其绘画方式、风格却稍有不同。这些壁画虽然没有寺庙壁画严谨古朴、美轮美奂但是却独具匠心，令人目不暇接，代表着西藏普通居民的世界观、审美观。

在民居壁画中，独具特点的是壁画的内容。首先是民居的大门两侧的壁画，面朝大门左侧是蒙人驭虎，右侧则是财神牵象。蒙人驭虎的画作早期经常出现在格鲁派的寺院及墙壁上，画面上一个蒙古喇嘛或贵族牵着一只被铁链拴着的、已被驯服的老虎。老虎并非西藏本土动物，在金刚乘佛教中，老虎是众多神灵尤其是怒相神或好战神灵的坐骑，骑在暴怒的老虎身上，象征着大成就者或神灵的无畏及凌驾于他人之上的意志。蒙人驭虎图，虎口朝外，象征着起到镇宅、震慑的作用。

蒙人驭虎（图片来源：《中国西藏》杂志）

财神牵象，象头朝里屋，寓意招财进宝。财神牵象图又称"牵象行脚僧"，是旧时藏区寺院的大殿、贵族的住宅、喇嘛居室及其他正厅墙上所绘壁画之一。据说行脚僧是圣主婆罗门相或财神毗那夜迦的化身，大象为其坐骑。该图为一婆罗门装束的行脚僧牵着一头驮着满载喷焰末尼宝盘的大象，面向里屋行走之相。为资财源源不断的象征。

牵象行脚僧（图片来源：《中国西藏》杂志）

大象在印度、斯里兰卡、缅甸、泰国被尊为皇室或寺庙的坐骑，在西藏的各式家具及屋顶壁画中十分常见，如和气四瑞图。该图由四种动物组成：一只大象，背上蹲着一只猴子，猴子肩上扛着一只兔子、兔子头顶上站立着一只羊角鸡，象征着藏民族的和谐观。图中大象是十分重要的载体，由此可以看出大象在藏文化中广泛的寓意。

和气四瑞图（图片来源：中国西藏网）

据介绍，这幅画是根据佛祖释迦牟尼讲述的故事所画。很久很久以前，古印度有一个地方名为嘎西，那里森林茂密，水草丰美。森林中栖息着一只羊角鸟、一只山兔、一只猴子，还有一只大象。这四种动物和睦相处，过着欢乐、祥和的日子。一天，这四只动物商议道："我们之间应该有老幼之分，恭敬最年长者。"于是经过协商后，他们决定以各自幼年时见到烈卓达树的高度作为参照，来判断它们的长幼顺序。大象首先发言说："我见到这棵树的时候，它与我现在的身量同等高。"猴子紧接着发言说："我小时候与猴群看见这棵树时，它与我现在的身量同等高。"于是大家评议说：大象与猴子相比，当属猴子年岁较长。山兔接下来说："我看到这棵树的时候，它只有两片嫩叶。我还舔过叶子上的露水呢。"于是大家又认为：与大象和猴子相比，山兔的年岁最大。羊角鸟最后说："你们小时候都见过这棵树，而我则只吃过这棵树的种子，当我在这里撒下不净粪之后，它才破土而出的。"

根据各自的叙述，最后大家一致认为：四种动物中当属羊角鸟年岁最长，兔子次之，猴子排第三，而大象则最年幼。于是，猴子首先对山兔、羊角鸟礼敬一番，山兔则对羊角鸟恭敬顶礼，而大象则对其余同伴皆恭敬承侍。

从此，四种动物无论日常起居或行走外出均按长幼顺序次第相排。当走到山势较陡的地方时，大象就将猴子驮在身上，猴子将山兔扛在肩上，而羊角鸟则站立在山兔头顶，煞是老幼有序。森林中的其他动物看到这四种动物和谐相处，都以它们为榜样，和睦相处，并恭敬比自己年长的同伴。于是到处水草丰美，天下从此没有了战乱，人们过着安乐祥和的生活。

除此之外，藏族居民在屋内四壁上也会有绘制壁画的习俗，主要包括八宝吉祥五妙欲图等，以此反映藏民族淳朴的世俗观、宗教观，以及对美好生活的向往。八宝吉祥图（也叫八瑞图）是西藏最为常见的一种吉祥图示，包括宝伞、金鱼、宝瓶、妙莲、白海螺、吉祥结、胜利幢、金轮八种图案。这八种图案可以单独成行，也可以两个、四个或者八个绘制成一组。八瑞图还经常绘制在各种各样的佛教圣物和世俗物品上，如家具、瓷器上，也可用面粉或石灰粉泼洒绘制在地上表示吉祥。

从左到右第一行为：吉祥结、金轮、妙莲、金鱼；第二行为白海螺、胜利幢、宝瓶、宝伞。
（图片来源：网络图片）

八瑞图绘制在民居墙壁上主要是为表示吉祥，八幅图分别代表不同的寓意。吉祥结象征着佛陀无限的智慧和慈悲，如若跟随佛陀，就有能力从生存的海洋中打捞起智慧珍珠和觉悟珍宝；金轮象征着佛法像轮子一样旋转不停，永不停息；妙莲象征着最终的目标，即修成正果；金鱼象征着使芸芸众生免受轮回之苦，又象征着复苏、永生、再生等意；白海螺寓意为施送佛法；胜利幢象征着财富和权力；宝瓶象征着吉祥、清净和财运，又象征着俱宝无漏、福智圆满、永生不死；宝伞象征着佛陀教诲的权威。

西藏壁画流派及分类

西藏的壁画艺人大多是世袭的，父带子，子带孙，有的全家的男性都是壁画艺人。世世代代都一生耕耘于西藏壁画这块百花园中，以造型艺术宣示佛教的理念、西藏的全部发展史和他们生活的方方面面，他们用艺术之花展现他们的劳动价值，以线条和色彩来描绘他们的爱与憎、憧憬和企冀。

藏民族艺术家一般把壁画流派按地域性划分为三派。

一、卫孜画派：流行于卫地即前藏拉萨一带，以三大寺和罗布林卡的绘画为代表，其风格特点为质朴简练、刚劲有力、对比强烈、刻画细腻、轻松自如，与敦煌壁画一脉相承。

二、藏孜画派：流行于后藏日喀则地区一带，以扎什伦布寺、萨迦寺壁画等为代表，其特点是人物造型丰满，运用浑染技法，线条简括流畅、富有自然之美。也有以夏鲁寺或白居寺为代表者，这些寺庙大多建于元代和明代时期，颇受内地画风的影响。有学者认为，藏孜画派是汉式风格的。也有学者认为，白居寺壁画有明显的尼泊尔、印度风格。还有的学者则认为，藏孜画派在西藏传统画风的基础上融合了印度画风而独树一帜。

三、噶孜画派：流行于藏东一带，以昌都地区的强巴林寺、类乌齐寺等为代表，勾画多用铁画、色彩淡雅，善画山水草木、山石瀑布，佛像通常以自然风景为背景。

西藏壁画内容丰富，大致可分为四大类：

一是佛和菩萨像。画工们通过艺术赋予了佛像人性，使佛像显示虔诚、俊秀、慈善、妩媚、刚烈等各种神态。

二是佛本生故事变相图。采用连续画面形式，既绘画佛陀一生的主要事件，同时也宣扬了佛教教义的一些故事。

三是达赖、班禅及历代高僧的传记画和肖像画。这类作品像连环画一样展现在西藏各个寺庙里。每个人的个性特色鲜明，略懂西藏文化的人，一眼便可分辨出来。

四是重大历史事件及风俗画。例如在布达拉宫内的壁画上有松赞干布与文成公主通婚；文成公主入藏，行至拉萨受到全城藏民热烈欢迎的画面。位于山南雅鲁藏布江边的桑耶寺的壁画中，不少有比武、赛马、击拳、摔跤、举重的场面，还有气功老手用两把钢刀支撑腹部、手足平伸的精彩表演，反映了中国传统杂技艺术的一个侧面。

西藏壁画实际上是西藏历史的画卷。它形象地综合了西藏地区的社会风貌、宗教发展、历史传说以及风土人情。西藏壁画是中国民族艺术的瑰宝。

西藏壁画发展

藏民族的壁画源出洞穴壁画，又继承了苯教的浪漫主义，有深厚的传统基础。自松赞干布时期修建大昭寺以来，就形成了汉式画派和尼泊尔式画派，而历代画家们又互相学习，各取所长融合各派，形成了富有藏民族特色的画派。由于融合无间，彼此既有共同特点，又有若干差异，很难断然划分、画线辨认了。藏民族的壁画集中在寺庙，但就其内容和社会功能而言，却并非完全宗教化的，而是从一开始就表现出世俗化的倾向。壁画在其发展中不断地世俗化、民族化，并吸收多方面的营养和影响，从而形成了将藏民族传统和外来影响融合一起，具有鲜明的藏民族特点的艺术流派。

西藏壁画发展大致可分为两个时期。前一个时期开始于松赞干布继位之后。因为他和尼泊尔尺尊公主与唐文成公主通婚，引进了佛像和大批经书，修建了大昭寺、小昭寺，这些都对壁画的发展产生了重大影响。这个时期的壁画，人物形象丰满、色彩单纯，很接近敦煌壁画中北魏、唐初的一些作品。后一时期约开始于公元10世纪末。当时，佛教格鲁教派创始人宗喀巴对宗教进行了改革，使格鲁教迅速发展成为西藏占统治地位的宗教，格鲁教寺庙逐渐增至3000多处。当时政教统治者每年都要从各地调集大批民间画工长期从事壁画绘制工作，父死子继，世代相传。这个时期的西藏壁画艺术发展到最辉煌的时期。

五世达赖重建布达拉宫时，为了绘制宫殿壁画，达赖除召集寺院画师外，又从各宗（县）调集了60多名画师，并从尼泊尔聘请了一批画师，康熙皇帝又派了100多名各族画师入藏支援绘制壁画。各族画师会聚一堂，寺院和民间画师齐动手，出现了壁画艺术的高潮，对后世产生了积极的影响。其显著成效是：壁画题材更加广泛，世俗题材出现在了壁画艺术中，壁画风格多样、流派纷呈，著名画师辈出，壁画艺术逐步形成独特的民族风格。壁画融入社会，日益成为社会文化的一部分。

4. 佛教艺术之瑰宝——酥油花

简介

在世界屋脊青藏高原，有一种花只在寒冬腊月盛开于佛坛之前，这就是酥油花。它的奇异和冷艳吸引着许多游客，他们不辞辛苦、千里迢迢来到塔尔寺，只为一睹这朵花儿的芳容。酥油花雕塑艺术是我国藏族人民独有的弘扬佛法的艺术，在每年的藏历正月十五，藏民以及藏庙会摆出各色各样的酥油花雕塑作品，包括佛像人物、树木花草、鱼虫禽兽、亭台楼阁等各种造型，庆祝一年一度的酥油花灯节。酥油花是用洁白的酥油做原料，并加上各色的颜料制成，凝固后具有色泽明亮、可塑性强等优点。

酥油花是盛开于冰点的奇异之花，最早产生于西藏苯教，已有300多年的历史。据说，幸饶弥沃如来佛祖创建了雍仲苯教后，改变了很多原始的信仰方式，包括改变了杀生祭神等，而采用糌粑和酥油捏成各种彩色花盘的形式来代替，减少了杀戮。这就酥油花的最初起源。

在藏族群众的生活中，酥油是不可缺少的食品。它是牛奶经反复搅拌后提出的黄白色油脂，呈凝固状，色泽光洁、柔软细腻、有浓郁的奶香。酥油不仅供食用，还被敬献到寺院中，点亮佛前的长明灯。酥油的可塑性极强，其塑造的工艺品具有形象逼真、色彩鲜艳、精巧玲珑等特点。

酥油花艺术品 （图片来源：网络图片）

酥油花艺术品 （图片来源：网络图片）

指尖的绽放——酥油花雕刻艺术

关于酥油花的制作，主要需要经过三道工序。

首先是扎骨架。根据所表现内容和掌尺（总设计师）的要求，用香木、草枝和麻绳扎成大大小小形态各异的"骨架"。骨架之间组合既是稳定的，有时又是随意搭配的，如各式人物、禽兽的骨架，有时是独立而且相互呼应的一组；有时又合二为一，人骑上了马、牵上了牛、架上了鹰……变化多端。亭台楼阁的骨架，则是稳稳当当，错落有致地固定在那六块结实厚重的底盘上。

其次是做初坯。艺僧们把往年展出过的酥油花砸碎，薄薄地铺开，撒上滚烫的、尚冒青烟的草木灰，卷起来，趁其变软之时，使劲碾压揉捏，剔除杂质硬物，捏成一张张烧饼模样的黑色胚料，藏语叫作"加莫勒"。它韧性好、弹性强。为什么要用往年的酥油花砸碎制坯料呢？据说，这样不仅可省下新的酥油；还能延续一辈辈传下来的规矩，即新而变旧的思想。旧而复新，有相生相息之意。

把"加莫勒"裹贴在骨架上，完成基本造型，即为"初坯"。要求造型生动，比例准确，符合总体设计的规范，稍不合适就得返工。这道工序由技艺过硬的骨干艺僧去做，一般情况下，谁做的坯，下一步的敷塑也由谁完成。

再次是敷塑。把纯净的白酥油，按比例兑入适量的各色矿物颜料，碾压搋拉，揉制成几十种颜色不同的彩色坯料，去敷面、描眉、点唇，去塑花、状叶、点蕊，犹如给一个个模特儿穿上亮丽的衣衫，扮上娇美的容颜。若是塑制鲜嫩娇柔的花朵叶片，或是玲珑剔透的玉饰宝玩，则直接用彩色坯料用模具依次塑成，使用的模具有几十种，属于绝对机密。

最后一个工序是装盘。每个部件塑好后，按总体设计用一根根长短不一的细铁条分别固定在底盘上，组装为一体。高高低低，件件悬空，疏密相间，错落有致，保持一定的倾斜度，使观赏者处于一个最佳仰视角度。塑制一架酥油花，需20名艺僧通力合作达三个月之久，耗用500斤酥油，工程之大可想而知。

塔尔寺三绝之一

塔尔寺是青海藏传佛教中的第一大寺院，也是著名的景区。酥油花雕塑是该寺的一大特色，做工栩栩如生，远近闻名，它与绚丽多彩的壁画、色彩绚烂的堆绣一起被称为塔尔寺艺术的"三绝"。但在这三绝中，以酥油花最为绝世凄美，居三绝之首。在广大藏区，许多佛教寺院的佛像前都供奉着酥油花雕塑，但无论从塑造工艺还是规模来看，塔尔寺的酥油花都属一流。

塔尔寺酥油花（图片来源：网络图片）

每年元宵佳节，塔尔寺都格外热闹，一年一度的酥油花灯会就在这天拉开帷幕，这已是塔尔寺延续了数百年的定制与传统。据有关专家推测，明万历年间开始，塔尔寺就有了成规模的酥油花灯会，到清代逐步走向鼎盛时期，成为远近闻名的盛会。这天，各地游客纷至沓来，不仅是为朝拜，也是为欣赏塔尔寺一绝——酥油花。当十五的圆月刚刚从山头升起时，塔尔寺的喇嘛们便抬着一盘盘酥油花安放在花架上，酥油花展正式开始。来自天南海北的人们，相互之间吆喝着，搀扶着，脸上写满了期待，只为一睹美丽的酥油花"绽放"高原，哪怕只是在这童话般的世界中投下轻轻的一瞥，也足以感受到喇嘛艺僧们高超的雕塑技艺。

塔尔寺酥油花（图片来源：网络图片）

　　塔尔寺有两个酥油花院，即上花院和下花院，专门培养酥油花艺僧，两院平等独立，没有隶属关系。但它们相互竞争，力求创新，有力地促进了酥油花制作工艺的提高和发展。在这里，每一位艺僧就是学院里的教授或学生。艺术是他们一生的追求，一生的事业。　在塔尔寺，元宵节期间举办酥油花展已经延续数百年，然而鲜为人知的是，这一藏传绝艺并非藏族艺僧独自完成，而是出自塔尔寺多个民族的艺僧之手。艺僧以藏族为多，还有土族、蒙古族和汉族。他们从十二三岁开始拜师学艺，终生研习，孜孜不倦。从进寺那天起，艺僧们就有了他们专门的老师——老艺僧。技艺高超的艺术大师，即使年老体弱，视力不济不能制作了，也要带徒授艺，或做艺术指导。在寺院里，艺僧们的主要功课、职责就是学习记忆、创作作品。平时，他们画图案，掌握藏族风格的各种图饰，练习基本功。冬天，便开始塑酥油花，学习雕塑。

　　塔尔寺的酥油花艺僧中，最著名的要数扎西尼玛大师了。扎西尼玛1932年出生于青海省湟中县，他擅长唐卡堆绣艺术，尤其精于酥油花技艺，多次担任掌尺（总设计师）。1991年，在班禅大师的支持下，塔尔寺的酥油花艺术得以进京，由他担任掌尺，成功地塑制了《文成公主进藏》，并于元宵节前夕在北京民族文化宫展出，赢得了众多赞誉。由于多年从事酥油花艺术创作，扎西尼玛患上了严重的关节炎，手指关节严重变形，常年疼痛难忍。2002年，扎西尼玛在塔尔寺圆寂，享年70岁。

在西藏，藏历年正月十五，也流传着酥油花灯节的习俗。每到这天晚上，拉萨八廓街四周，摆满了五彩酥油塑成的花卉、图案、人物及鸟兽。城乡人民纷纷拥到八角街游玩。人们在塑花之下，观赏礼拜，狂欢起舞，彻夜不眠。

酥油花艺术传承与发展

简而言之，酥油花雕塑艺术是我国藏族独有的艺术形式，是一种弘扬佛法的艺术。完成一幅酥油花作品需要六道工序，即扎骨架、制胎、敷塑、描金束形、上盘、开光。酥油花所表现的题材内容极为丰富，主要有宗教方面，如《释迦牟尼本生故事》、《释迦牟尼十二行传》、《宗喀巴本传故事》等；还有八大藏戏、神话传说、历史人物等方面内容；也有大量动物、植物、风景作为陪衬。制作酥油花有专门的机构，叫"花院"，有固定的艺僧。酥油花的展出有固定的场合和固定的时间，都是每年正月十五晚上展出一次，每次展示内容不同，年年换新，不搞重复，几百年来，酥油花"常开常新"，深受人们的喜爱。关于酥油花的由来众说纷纭，并没有一个准确的定论，但这种艺术能够表现出藏族人民对生活的态度以及对佛学的敬仰，是藏族人民精神的寄托。酥油花雕塑的制作过程非常复杂，随着时代的发展，其题材、制作工艺等都发生了很大的变化。

随着藏学文化的传播，酥油花雕塑艺术也得到了一定的传承与发展。塔尔寺酥油花这一宣扬佛法的纯宗教艺术，目前在塔尔寺已逐渐演变为节日艺术展品，宗教意味相对削弱，掺入了许多民间艺术的成分。塔尔寺酥油花的内容题材正在逐步通俗化，甚至将天安门也塑造出来。以前的单塑手法也已逐步发展成为立塑和浮塑相结合、单塑和组塑相结合、花架和盆塑相衬托的多种形式，引起越来越多中外艺术爱好者的关注。

然而，如今的酥油花传承却面临着后继无人的困境，青海塔尔寺的酥油花艺人也出现了青黄不接的现状。一方面，寺庙里制作的老艺人有相当一部分去世了，而年轻学徒，从学习到独自创作需要近10年的时间；另一方面，由于酥油花的整个制作过程过于艰辛，不仅需要有坚定的信仰来支撑，更需要有敏锐的艺术洞察力和吃苦耐劳的精神，这让一些年轻僧人望而生畏。

为了使酥油花能够长盛不衰，有专家学者指出，只有在保持传统的基础上不断创新，走出佛学深院，让更多的人有所了解，才能使酥油花艺术传承下去。目前，塔尔寺酥油花制作技艺已成为国家级非物质文化遗产项目，为了更好地保护酥油花制作技艺，2006—2013年，青海省拨款560万元保护酥油花制作技艺。现在，青海省已有2名国家级酥油花制作技艺传承人，5名省级传承人。

三、编辑视点：文化传承在融合中发展

艺术传承——继承与创新的辩证

谈到艺术，说起文化，不免总会触碰到传承的问题，而这时候，往往会出现两种截然相反的声音：一种是传统文化一定要原封不动的继承下去；一种是文化的传承要与时俱进，在传承中不断创新发展。

2013年，笔者有幸见到了国家一级美术师、藏传佛教十世班禅亲赐"班禅画师"尼玛泽仁大师及北京画院一级美术师李小可。和大师们的一番交谈至今仍记忆犹新。

"传统是一种观念、精神，而不是表面化的形式与符号。在艺术形式上保持一成不变而称其为传统，那是对传统实质的曲解。这种传统的包袱越重，艺术发展前进的速度也就越慢"，尼玛泽仁大师告诉我。在尼玛泽仁看来，文化不是"化石"，只有创新发展才能有持久的生命力。

无独有偶，中国现代杰出画家、中国画开宗立派大师李可染在绘画事业上经历了孜孜不倦的努力后，提出对传统"要用最大的功力打进去，用最大的勇气打出来"，阐述的就是继承传统与创新发展之间的辩证关系。李可染大师总结的山水画创作精要："可贵者胆，所要者魂"，更是强调艺术创作在坚守传统精髓的同时，要勇于创新，不要拘泥常规。身为北京画院一级美

术师的李小可进一步解释认为，父亲所说的"魂与胆"即是艺术创作所要遵守的要义，二者缺一不可。"魂"，即时代精神；"胆"，即敢于突破传统。李小可认为，"传统、历史本身很厚重，但如果不敢有所突破、有所创新的话，就只会停留在古人的圈子里"，所以说，"传统需要敬畏，但敬畏传统并不代表传统就是一座高山，不可攀登。艺术创作要在扎根传统的基础上，不断突破自己、突破前辈，才能形成自己独特的风格。"

诚然，纵观世界文明发展史，无论何种文明，传承下来的都是能够与时俱进的。正如尼玛泽仁所说，"一种开放的文化只有以博大的胸襟广为吸收、借鉴其他文化的精髓，才完成自我的发展与进步。"在全球化的背景下，西藏文化要有生命，就要有发展；要有发展，就要有突破创新。从长远来看，传统之于西藏文化的发展，不应该扮演包袱的角色，而应是实现创新发展最现实的资源。

雪域奇葩——藏汉民族团结友好的载体

作为西藏传统宗教艺术，无论是唐卡、藏戏壁画，还是酥油花雕塑，除了本身的艺术价值外，无不承载着民族团结与融合的历史。彩绘唐卡长卷《文成公主进藏图》、京剧藏戏《文成公主》、壁画《文成公主入藏图》以及酥油花《文成公主进藏》，都以1300多年前大唐文成公主远赴吐蕃联姻的生动场景为题材，讴歌文成公主传播文明种子、增进汉藏友谊、推动汉藏文化交流的杰出历史贡献；反映汉藏两个民族和睦相处、团结互助的美好愿望。

近年来，内地也涌现出一批批的艺术家，开始扛起藏民族文化传承的重任，并以西藏传统文化艺术为载体，助力架起民族友好的桥梁。

国家一级美术师李小可：我与西藏的情愫，就是一种缘分

行进在藏地路上，不断摸索与前行的水墨画艺术大师李小可这么认为。"我在藏族百姓身上看到人最本源的朴实的东西，那是一种超物质的追求。每一次深入这片土地，总给我不同的感受。"在李小可看来，"和"与"美"是西藏最真实的状态。人类对于民族的和谐团结、人与自然之间、人与宗教之间、人与人之间关系有着最纯洁的追求。

但是他坦言，"对西藏，我首先是个学习者。同时，她也让我更有一种

责任感，去把这些现代社会渐渐远离的精神通过艺术的形式重新表现出来。"

画家蒋勇：西藏是艺术家的福地

"我想，在繁华的城市上方，耸立着金灿灿的布达拉。那里有自由，有很多与我志同道合的人，那里是马原、扎西达娃生活过的地方。"怀着这样的想象和憧憬，在 2000 年 11 月，蒋勇离开待了四年多的北京，坐上了开往拉萨的长途大巴。

在布达拉宫的药王山上，蒋勇碰见了一群志趣相同的画家。在只有一间屋子、一张床的创作室里，蒋勇确定了一件事情：没有比西藏更适合自己的地方。于是，接下来的 14 年，他把自己融入了西藏：娶妻、生子、创作、享受、思考。"在被城市包围的环境中，我的作品更多传达的是一种呐喊和宣泄，表达形式上更倾向于表现主义；而在西藏，更多的是与自然的对话，在作品中也几乎是一种纯色的呈现。"

在蒋勇和妻子的博客中，曾经写下这样的语句：太阳把金色光辉恩赐给万物，抚育着洁白的莲花茁壮成长，高贵得如同纯洁无垢的大海。而在创作上，蒋勇则说："自己就像一棵植物，被西藏这块土地上的人、文化、朋友们一起滋养着。西藏是一块传统的现场，这对于艺术家来说就是一块福地。"

画家韩书力：雪域高原的苦恋者

被誉为"雪域高原的苦恋者"、"西藏绘画新流派的开路先锋"，30 多年来，韩书力把自己的身心完完全全地投入到了这片高天厚土，如痴如醉地吸取雪域高原的丰富营养。1973 年 10 月，韩书力第一次踏足西藏，走出飞机舱门，迎接他的是漫天飞舞的雪花。"北风卷地白草折，胡天八月即飞雪"就是他对西藏的第一印象。

如今，31 年过去了，作为西藏画坛领军人物的他，韩书力自称他是"嫁给西藏的男人"，已经离不开西藏。用他的话说，"每一个搞艺术的人都拒绝不了西藏的诱惑。离开西藏，我觉得就像一棵苗被拔了土，又换了水一样的无着无落。"

从 1973 年真正走进西藏起，至今，韩书力已在西藏工作了 40 年。在长期的美术创作实践中，韩书力将汉文化的气韵引入藏地绘画题材之中，将西藏艺术如唐卡绘画中的装饰风格引入宣纸水墨画中，拓展了中国画的表现力和影响力，凸显了神秘而又含有古韵的现代美感，形成了自己的水墨画风格，被美术界称为"韩氏黑画"。

如今，作为全国政协委员、西藏美协主席、西藏书画院院长，韩书力却将注意力转移到藏文化的传承与保护上。近两三年，他一直在"两会"提案中强调要关注西藏文化的传承与传播，呼吁成立中国西藏唐卡艺术中心，给好的作品一个归宿，建立对外展示、推荐的平台。

但是，对于目前日益增温的唐卡产业化热潮，韩书力直言，需要冷思考。在他看来，西藏唐卡艺术正处于生产性保护阶段，重心在于传承技艺、打造精品，传承人专注于高质量唐卡创作，因此创作周期长，产量较少，但是相比规模化生产的唐卡，艺术价值更高。相反，流水线式的生产方式，则会降低唐卡画师的艺术标准，最终只能将他们从艺术家降格为画匠。因此，西藏唐卡产业化虽然发展缓慢，对保护唐卡艺术发展的生态土壤却是好事。

四、背景知识：西藏文化发展新进程

中国是一个统一的多民族国家，西藏是中国不可分割的一部分，藏族是中华民族大家庭中的重要一员。藏民族具有悠久的历史、灿烂的文化。西藏文化是中华文化中的一颗璀璨明珠，也是世界文化中的一份宝贵财富。

藏民族世代生活在青藏高原，面对独特的自然条件和艰苦的生存环境，表现出顽强的生命力和对美好生活的不懈追求。在对自然、社会和自身的认知、适应、改造、发展的漫长历史进程中，在与汉族等中国其他民族以及南亚、西亚一些民族的文化交流、融合和借鉴过程中，藏族人民创造了内容丰富、特色鲜明、形态多样的文化，其中包括语言文字、哲学宗教、藏医藏药、天文历算、音乐舞蹈、戏剧曲艺、建筑美学、雕塑绘画、工艺美术等。西藏文化是藏民族世代繁衍、生生不息的精神支柱，也是在同其他文化特别是汉文化的相互影响和不断交融中得到发展的。

历史上，西藏曾经历了比欧洲中世纪还要黑暗的政教合一的封建农奴制社会，这种状况一直延续到20世纪中叶。在1959年之前，十四世达赖喇嘛作为藏传佛教首领和西藏地方政府首脑,集政教大权于一身。占总人口不足5%的农奴主占有着西藏全部生产资料和文化教育资源,垄断着西藏的物质财富和精神财富,而占人口95%以上的农奴和奴隶没有生产资料和人身自由,遭受着极其残酷的压迫和剥削,民生凋敝,根本谈不上享受文化教育的权利。长期政教合一的封建农奴制统治窒息了西藏社会的生机和活力,使西藏文化日益走向没落和衰败。

中华人民共和国的成立,给西藏文化的保护和发展带来了希望。1951年西藏实现和平解放,摆脱了帝国主义的侵略和羁绊,打破了长期封闭和停滞不前的局面,为西藏文化与全国一起实现共同进步与繁荣发展创造了基本前提。和平解放后,中央人民政府积极帮助西藏保护和发掘传统文化,发展现代文化教育和卫生事业,开启了西藏文化发展的崭新进程。1959年,西藏实行民主改革,彻底废除了政教合一的封建农奴制度,结束了少数上层封建贵族、僧侣垄断文化教育的历史,广大农奴和奴隶在政治、经济和精神上获得了翻身解放,成为保护、发展和享受西藏文化的真正主人,使西藏文化成为人民的文化,并为西藏文化的发展开辟了广阔的前景。

可以说,中央政府从政策倾斜、人才培养、资金投入、设施建设等方面,给予大力扶持,使西藏的文物保护事业得到快速、全面发展。近年来,西藏自治区人大和西藏自治区政府颁布实施了一系列文物保护法规和条例,先后颁布了《西藏自治区人民政府关于加强文物保护的布告》、《西藏自治区流散文物管理暂行规定》、《西藏自治区文物保护管理条例》、《布达拉宫保护管理办法》等一系列文物保护法规和规定,使西藏的文物保护工作走上了法制化、规范化的管理。目前,西藏已有各类文物点2300余处,各级文物保护单位329处。其中,国家级重点文物保护单位35处,自治区级112处,市(县)级182处。拉萨市、日喀则市和江孜县城三座城市被列为全国历史文化名城。布达拉宫被列入世界文化遗产,大昭寺、罗布林卡先后被列入其扩展项目。

第五章
藏传佛教与现代文明的融合

藏传佛教政教合一制度是建立在它所控制的寺院经济基础之上的，即政治制度、宗教制度、经济制度的"三位一体"。到20世纪中叶，政教合一的封建农奴制度在西藏已经走到了尽头。1959年中央政府在平叛的同时在西藏推行民主改革，西藏宗教也从此步入新的历史篇章，改革开放至今，随着西藏的快速现代化，西藏的宗教生活也随着时代发生了新的变化。

一、故事：僧人们的政治生活

1. 强巴林寺喇嘛们的公民生活

强巴林寺是西藏东部地区最大的藏传佛教格鲁派寺院，至今已有570多年历史。这里的僧侣世世代代都依靠信众的布施生活，而近两年，寺里的1200多名喇嘛回归社会公民的角色，不仅享有选举权，同时享有医保、低保、养老保险等社会保障，过上了病有所医、老有所养的踏实日子。

强巴林寺（图片来源：中国西藏网）

强巴林寺所在的昌都地区拥有518座寺庙，僧侣人数达到1.2万多人。

当地群众对藏传佛教的信仰极为虔诚,将送出一位子女到寺庙里当喇嘛或者尼姑视为自己的义务。而按照传统,这些出家的人一旦离开,就与自己的村庄切断了关系。昌都地区民族宗教局局长永生介绍说:"他出家当了僧人以后,在原籍中就要把他的名字除掉,这是村规民约里有规定的,因此就造成了这些僧人变成了非常特殊的公民,他既是中华人民共和国的公民,但得不到任何待遇,选举的时候没有他,因为村里的名册里已经没有他了,医保、低保都没有他。"

永生局长说,近两年,西藏自治区纠正了这种做法,所有的僧众在寺庙所在地办理集体户口。办理户口后,低保、医保等各种社会保障全部跟上来,落实到位。

据介绍,目前强巴林寺在编僧人参保率达到100%;146名符合条件的特困僧人全部实现低保。截至今年6月,寺庙60周岁以上领取养老金的僧人为29人;累计接受住院报账僧人197人,报销药费93万多元,发放低保金64万多元。

洛嘎在强巴林寺出家已经20多年了,目前担任寺庙民主管理委员会副主任。他曾经十三年当选西藏自治区和昌都县人大代表,享有僧侣的选举权。对于近期实施的两保一险(低保、医保和养老保险),他感到很欣慰。

"国家的这些政策让我们这些僧侣感到很安心,很温暖。两保一险政策的落实让僧侣的健康有了保证,也解决了后顾之忧,尤其是对于那些孤寡老人来说,更是有了保障。"

洛嘎表示,有了国家的支持,寺庙可以更好地为信众服务,未来印经院将免费为信教群众印制佛教经典提供设备和场所。

"印经院被修缮一新,我们感谢政府。印经院投入使用以后,寺庙将更好地发挥它的作用,围绕现有设备和信众的愿望去开展工作。如果信众有意愿印制印经院现有的大师的经文和佛教经典,我们将免费提供场所和设备。"

"国家的安定、生活的富足,给我们带来了优越的修行环境,才能体现信仰的自由、才能更好地促进民族宗教与社会的和谐共处。作为年轻僧人,我也在用自己的一言一行为实现这样的中国梦做着努力。"西藏昌都强巴林寺僧人登增元丁说。

强巴林寺（图片来源：中国西藏网）

现年25岁的登增元丁是寺庙里最年轻的一位僧人。身高185厘米，鼻梁上的那副眼镜为他清秀的外表，又增添了几分儒雅气质。从小崇尚佛学、梦想成为一名僧人的他，几年前毅然放弃名牌大学录取，进入强巴林寺进行修行。

"宗喀巴大师曾在其著作中写道：励力断恶修善，则能获得善趣妙位。简单说，就是善恶皆有果报。因此，修行人将断恶修善作为一生的追求。"这是登增元丁铭记于心的一句话。生活中，他珍惜每一个在他生命中出现的人。今年3月，昌都地区类乌齐县1岁多的洛松生格不小心摔伤，头颅骨粉碎性骨折，昏迷不醒。此事一出，登增元丁就组织为小洛松的捐款活动，并且很快为他凑齐了医药费，如今小洛松已经康复出院。

"帮助一个人就是和他有一段美妙的缘分，在这个过程中，他也帮助了我，因为他是激发我慈悲心的一个因，是他鞭策我修行，他对我而言就是菩萨的化身示现。"登增元丁说。

学经的僧人（图片来源：中国西藏网）

精通藏、汉双语，并且还会操作电脑的登增元丁，目前在寺庙里担任秘书、讲解员、打字员等。随着强巴林寺日益增长的参观量，加上登增元丁有着流利的藏、汉语水平，对于寺庙的文化、宗教方面的小故事，他都言无不尽地讲给参观的游客和朝拜的信众们听。"我还开通了微信、微博等网络交流平台，在那里我可以了解时政大事，随时上传一些关于寺庙佛事活动的照片，还能记录我个人的日常生活情况，这样让大家可以多了解强巴林寺宗教方面的文化，也能让朋友们与我在网络上进行交流，用科技网络来传播我们的民族文化，这是最方便快捷的方式。"

为了让僧人们能够方便直观地了解社会动态、丰富业余时间。去年7月，当地政府给该寺的29栋、800多间僧舍全部安装了数字电视，这是第一个在昌都地区实现数字电视的寺庙。"以前僧人们都是通过收音机来了解新闻，得知僧舍里安装了数字电视，大家非常欢喜，一下课就迫不及待地跑到僧舍打开电视机。"登增元丁说。

据了解，目前昌都地区 500 余座寺庙基本实现了广播电视"舍舍通"和"寺寺通"，同时，昌都地区还重点抓水利建设，建设农村饮水安全工程 311 个，维修改造人饮解困工程点 495 个，解决 9205 名僧尼及寺管会人员等的饮水安全问题。登增元丁表示，政府给僧人们提供如此优越的修行环境，重视僧人们的精神诉求、支持寺庙的日常宗教活动的顺利进行，在各种民主决策活动中尊重僧人们的意愿，等等，他很珍视。同时，政府对寺庙实行的"九有"工程（有领袖像、有国旗、有道路、有水、有电、有广播电视、有电影、有书屋、有报纸）、各种慰问金的发放以及寺庙的修缮都是政府在物质上给予的支持。

"至于未来的造诣，我不敢妄言。只想潜心修行，勇猛精进。修行不只是学习经典、持守戒律，还要断恶修善。我只希望早日通过自己的努力获得格西拉然巴（是藏传佛教传统最高学位，近似于佛学博士学位），沿着历代高僧大德爱国爱教的脚步继续走下去，继续传承和发扬自己民族文化。民族文化的繁荣，就可以增强中国的民族凝聚力，进而实现中华民族的伟大复兴。"登增元丁说。

2. 拉巴：大昭寺里的全国政协委员

每天清晨 6 点，大昭寺的喇嘛们开始晨课，朗朗的诵经声给古老的寺庙注入了生气。8 点到了，大昭寺的大门开启。早已等候在外的信众们陆续进入寺庙，转经祈福。9 点钟，游客多了起来，其中有很多外国人，他们带着惊喜打量这千年古刹。

拉巴告诉记者，大昭寺的僧人平时的主要工作就是接待信众和游客，每个喇嘛都有自己负责的区域和分工。随着交通的发展，青藏铁路、贡嘎机场带来了大量人流，也使大昭寺僧人们的工作量大大增加。"西藏的宗教有没有自由，有没有发展，从大昭寺的人流就能看出来了"，拉巴总结道。

下午 5 点，一天的接待任务完成后，喇嘛们聚集在一起辩经、切磋，之后就聚集在大殿里诵经。晚饭之后是分科目学习的时间，有的去文化老师处学各种知识，有的到经师那里继续学佛法。大昭寺的僧人学习的内容很广泛，为了更好地搞好接待工作，他们除了学习藏语、汉语外，还要学习英语等课程。

拉巴介绍说，现在大昭寺僧人的生活很规律，佛法相传也较正规。僧尼保险和拉萨市的"五有"政策极大地便利了他们的日常生活。"五有"是指在每一座寺庙修建一个食堂、一个澡堂、一个垃圾池、一栋温室，以及培训一名卫生员。这些措施实施后，僧人们最基本的生活需求得到了满足，可以专心学佛，专心为信众服务，也便于寺庙管理。

在西藏的1700多座寺庙中，除了像大昭寺这样的大寺外，还有很多小规模的寺庙，历史都超过二、三百年。由于西藏地域广阔以及地方财政有限，很多寺庙的修缮和管理还有待加强，很多具有历史意义的文物等需要正式登记保护。作为一名新全国政协委员，拉巴今年的提案就是关于"小寺庙的保护和文物登记"。

大昭寺僧人拉巴和他的"中国梦"（图片来源：中国西藏网）

拉巴告诉记者，国家对西藏的寺庙和文物保护下了很大工夫，布达拉宫、罗布林卡等"修复得特别好，是无法想象的好，国家的钱和工作都见效了，老百姓也看到了"。但他仍然很关心小寺庙，尤其是阿里地区的寺庙，一些仍然需要修复。

"能当选全国政协委员，我非常高兴，可以说这是我最高的荣誉，所以一定要认真准备提案"，拉巴由衷地说。

好好生活，好好修行，这就是西藏最普通的老百姓、最普通的僧人，最朴素的愿望。对于他们来说，"西藏独立事业"、"中间道路"都是遥远而无意义的口号，他们真正关心的是，社会是不是安定，生活是不是富足，信仰是不是自由。

拉巴说："我生活在青藏高原，是地地道道的中国人。过去的很短的时间，我们中国发展得很快，西藏也享受到了国家发展的成果。再加上全国各地'大哥哥'对西藏这个'小兄弟'的帮助，人民生活得都很好。现在大家都在说'中国梦',我也说说我的梦想吧:希望我们国家既有经济的飞跃,又有相互尊重、和谐共处的高度文明,成为让全世界羡慕的中华大民族!"

3. 普布次仁:宗教与社会主义社会相适应是时代需求

"围绕时代需求,作为民族地区的宗教界爱国人士,积极引导宗教与社会主义社会相适应,我深深感到这是历史赋予我们的光荣使命。"2014年12月16日,拉萨市政协委员、拉萨市佛协会长普布次仁在市政协九届四次会议上发言道。

拉萨市佛协新会长普布次仁(图片来源:中国西藏网)

普布次仁是藏传佛教格鲁派六大主寺之一色拉寺管委会常务副主任,于今年11月20日当选为拉萨市佛协新一届会长。在担任政协委员短短3年时间里,他一共提交了十余件提案,内容涉及文物保护、依法加强寺庙管理、农牧民安居工程、人畜饮水、基础教育等方面,提出的问题和建议多次引起主管部门的高度重视。

作为一名宗教界委员,普布次仁对"宗教与社会主义社会相适应"做出了颇有见地的阐述。他说，谈到"宗教"这个词，很多人会联想到"迷信"、"消极"以及"精神鸦片"等贬义词。不可否认，在人类历史发展的进程中，在不同的社会时期，由于种种外界因素的影响，宗教曾被披上了这样的面纱。但总而言之，世界三大宗教所能起到的积极作用远远超过了它的消极因素，其宗教教义、道德、文化中都包含了许多促进世界和平、构建和谐社会、崇尚健康文明、增强民族团结和维护国家统一等丰富的含义。

佛教文化是中国传统文化的重要组成部分，也是华夏儿女乃至人类文明最宝贵的精神财富和文化财富。新中国成立以来，佛教和其他正派宗教一样，为促进社会主义精神文明建设、净化人们的心灵和智慧、加强人与人的团结友谊发挥了积极作用。普布次仁表示，多年来亦是如此，未来更应如此。作为佛家弟子，应该为宗教与社会主义社会相适应尽自己所能。

有人也许会提出社会主义和宗教在世界观和方法论上是根本对立的，二者为什么能相适应？普布次仁也明确给出了自己的观点：社会主义既是一种社会意识，又是一种先进的社会制度，具有引导宗教与之相适应的内在凝聚力和包容度。因此它们既有对立的一面，也有统一的一面。而"宗教与社会主义社会相适应"这一命题，既反映了宗教本身的运行规律，又体现了社会主义的本质特征，同时涵盖了当代中国集聚一切积极因素为中华民族伟大复兴而奋斗的客观要求。这也是时代赋予民族地区宗教界爱国人士的光荣使命。

普布次仁说，宗教和社会主义二者虽源不同，流各异，但也有融通之处，就是以天下苍生福祉为最大价值取向。因此混淆二者区别或人为扩大二者对立都是不可取的做法。对于正常的宗教信仰和宗教活动，只要加以正确的引导，就有利于社会的稳定和民族的团结。宗教也主张"以人为本"，也需要"与时俱进"，宗教必须与一定的社会相适应，这是宗教自身生存和发展的前提。而事实证明，宗教的产生以及宗教与社会的磨合及相互适应，有时甚至是一种社会进步的需要。

"多年来，党和政府在宗教领域做了大量暖人心、得人心、聚人心的工作。"普布次仁举例表示，比如开展寺庙文物保护和维修，为贫困信徒解决了低保、养老保险和医疗保险等实际问题。这些实事在信众中也获得了良好口碑。宗教界也积极参加社会公益事业，参加各类扶贫济困活动，特别是在向地震灾区捐款和支援等方面起到了一定的带头作用，不但取得了巨大的社会效益，同样也为促进宗教与社会主义社会相适应起到了很好的推动作用。

《大般涅槃经》有云："以王因缘，国土安乐，人民炽盛，是故一切出家之人慕乐此国，持戒精勤，修习正道。"普布次仁说，真正的释迦弟子应当热爱自己的祖国、热爱自己所信仰的宗教。作为宗教信徒，和社会各族各界群众一样，都是中华人民共和国的公民，在同等享受公民各项权利的同时也要尽公民的各项义务。作为宗教界委员，则要围绕中心履行职能，深切关注民生，建诤言、履好职，充分利用提案、意见和建议等有效途径，极力反映信众和百姓冷暖，为宗教与社会主义社会相适应做出应有贡献。

二、讲述：当代僧人多元修行之路

1. 阿旺色吉：从贪玩少年到藏传佛教高僧

30 年前，贪玩调皮的阿旺色吉被舅舅送进拉萨哲蚌寺出家时，家里人都没有想到，有朝一日他会成为"拉然巴格西"，这是藏传佛教格鲁派显宗修行的最高成就。

2014 年度藏传佛教学经僧人考核晋升格西拉让巴学位立宗答辩暨颁证活动在大昭寺举行，哲蚌寺考僧阿旺色吉在此前的夏季考试里就脱颖而出。经过近 4 个小时的辩经，他最终在 10 位考僧中折桂。

哲蚌寺与色拉寺、甘丹寺并称"拉萨三大寺"，创建于 1416 年，因众多殿堂依山势密布，远观如米仓而得名。中新社记者日前沿着寺内曲折蜿蜒的石板路，绕过一座座佛堂僧舍，在一处安静的寓所寻得阿旺色吉。他在洒满春日暖阳的僧舍里，向记者讲述了长达 30 年的修行路。

"由于出家时年龄偏大，又福亏学浅，身上还带有自由散漫的习气"，阿旺色吉说，刚出家时，他对佛学知识一无所知，一切需要从零开始，赶超早入寺的同龄僧侣。

初入佛门，对寺规戒律的畏惧，成为阿旺色吉的头一道心结。他曾担心守不住戒，也担心过受不了师父的管束，但入寺后不仅有经师的悉心呵护和关照，还得到不少僧友的帮助。

培养起对佛法的信心和亲近，只是第一步。此后，阿旺色吉开始了藏传佛教格鲁派历数百年传承至今的修行生活，并先后师从朗仁巴、群培朗杰两位高僧大德。

阿旺色吉每天都必须跟随师父学习佛学基础知识，有一定佛学积累后，辩经列入每日必修课。与其他学经僧相比，他的课程排得更多、更满，"每天要上三堂讲经课和两场辩经"。

"从凌晨到深夜不停地诵读经文，夜深人静时，才回到僧舍休息几个小时"，阿旺色吉回忆，当时师父每天晨起布置要背诵的经文，晚上回僧舍前必须完成，他为之付出了比别人更多的努力。

"就这样年复一年，在苦读经书的同时，还要学习做人的道德及诸多戒律仪轨"，阿旺色吉说。

关于普通学校教育和寺院佛学修行的不同，阿旺色吉说，上学时，从低年级到高年级，从小学生到中学生，年年都能看到自己的成长与进步，但在寺院里无论学得再多，也感受不到满足，因为佛学更加浩瀚无边，在短暂的时间里无法达到圆满，仅学经就需要十五六年，甚至更长时间。

辩经的僧人（图片来源：中国西藏网）

格西，藏语意为"善知识"，分为多然巴格西、林斯格西、措让巴格西和拉然巴格西4个等级。格西拉然巴，是藏传佛教格鲁派僧人修学显宗的最高学位，近似于现代意义上博士学位的宗教学位。按照修行次第，晋升格西拉让巴学位前，必须考取前一个学位，由于哲蚌寺获格西措然巴学位的僧人较多，本寺范围内，需要依照僧人入寺时间、学经修为等标准，进行排序，众僧依次等待。阿旺色吉为之等了十余年，2013年夏季，他最终获得晋升立宗的资格。

为了3日上午的立宗活动，阿旺色吉虽有30多年佛学积淀在身，但丝毫不敢懈怠，依然提前数周闭关在僧舍准备。当西藏佛协会长珠康活佛宣布他取得第一名时，阿旺色吉面带微笑，缓缓从众僧中起立致意，身边一片欢呼庆贺。

阿旺色吉说，格西拉然巴学位晋升立宗，是学经中必须要完成的一个过程，对他而言是一个鞭策。谈及未来，阿旺色吉表示，将更好地研修佛法、心怀慈悲、弘法利众。

"学经固然重要，但在生活中，还要做到学以致用，践行佛法慈悲智慧。"阿旺色吉说，恩师已圆寂多年，但留下的教诲犹如一盏明灯，将指引着他继续前行。

2.扎什伦布寺：信息化的学经生活

中午时分，西藏日喀则市。

西藏藏传佛教四大主寺之一——扎什伦布寺迎来短暂的热闹。扎什伦布寺学经班200多名僧人结束了一上午的学习，开始短暂的午间活动。

学经僧人仁青用完午膳回到宿舍，准备将上午的学习内容复习一遍。来自西藏日喀则地区昂仁县的他今年25岁，已拥有近10年的学经生涯。

仁青盘腿坐于书桌前，摊开厚厚的经书，开始专注的学习。一个大大的银色标志——被咬了一口的苹果贴于书桌左上角，衬托在黄色经书下。

一个词语难住了仁青。但他并没有从书架上取下那本厚厚的藏文词典，而是从暗黄的僧袍内掏出一部苹果手机，打开手机上的藏文字典软件查阅起来。

"以前碰到不会的词都是查字典，现在我和同学们基本上都是直接在手机上查,方便很多。"仁青说。

用手机的喇嘛(图片来源:中国西藏网)

随着现代电子设备在中国市场的普及,智能手机进入了许多藏传佛教寺院里。扎什伦布寺寺管会一名负责人达瓦扎西介绍,现在寺里很多僧人开始使用智能手机,学经班的僧人更是几乎人手一部。

仁青说,我们给手机装上藏文输入法,然后再把藏文字典、藏汉字典、藏英字典等软件下载到手机上。平时学习时碰上生词直接在手机上查阅,而不用随身带着又厚又重的字典,这样又快又方便。

"我们还会把经文放在手机上,这样出门时就可以不用带纸质的经书。比如出门等车、排队的时候,拿出手机随时可以背诵,充分地利用了时间。"仁青说。

信息化的便捷让藏传佛教僧人们更加深度的融入现代社会中。在年轻僧人中,使用博客、微博和微信的人不在少数。

"我们同学常会在微信上分享自己的学经心得以及对藏传佛教的感悟,每次出去游玩,也会发一些生活照片和朋友们分享。"今年二十出头的扎巴曲塔也是扎什伦布寺的一名学经僧人。

扎什伦布寺地处城市中心,3G 网络覆盖不是问题,然而西藏 1000 多座寺庙，拥有扎什伦布寺这样地理位置的寺庙毕竟很少，大部分地处城市边缘，甚至有的位于偏远的半山坡之上。

没有无线网络，电视信号还是能保证的。从2011年起，西藏开始实施广播、电视、电影寺庙全覆盖项目，以丰富僧人们的文化生活，让他们更多地了解外面的世界。

拉萨甘丹寺位于海拔4300米的旺古尔山之巅，是藏传佛教格鲁派发源地。甘丹寺寺管会干部格米介绍，现在僧舍都配备了能接收到30多个频道的有线电视，寺里还有一台由拉萨电影公司赠送的放映机。

"寺里会定期组织僧人观看电影。僧人们最喜欢看的是藏语版的战争片，用现在流行的话讲，就是场场爆满。"格米说。

这些现代产品为藏传佛教僧人们了解世界提供了便利，但对于部分学经僧人来说也是一种挑战。仁青说，学经僧人的学习任务十分繁重。如果自制力不够的话，这些现代化的电子产品会消耗掉他们很大一部分精力。

达瓦扎西介绍，在扎什伦布寺，经师严格的要求和每日考核制度让僧人们根本就没有时间沉迷于现代电子产品的诱惑中。"总的来说，这些现代化的东西给僧人们带来了便利，让他们不脱离现实世界。"达瓦扎西说。

3. 色仁：利用网络发家致富的格西

记者在林芝县唐地村采访时，一座欧式别墅格外引人瞩目。远远望去，别墅后院的藏式民居构造与前院的欧式小楼相得益彰。

带着好奇，记者走进了这座"藏欧"别墅的主人色仁家。色仁如今是唐地村的致富带头人、优秀民兵、村民楷模。除此之外，他还有另外一个身份让我们瞠目——曾是甘丹寺取得格西学位的僧人。在色仁忙着端酥油茶、奶渣、干果热情款待我们之余，记者细细打量他的房子：室内非常宽敞，采光也相当好，藏式家具和沙发、现代化家电一应俱全。最醒目的是沙发边的方桌上，除了电脑外，堆满了各种藏式文集、诗集以及党员守则、国家政策等书籍。如此细雅的陈设，让我们很难和眼前这位黑黑瘦瘦、行为举止低调的色仁联系在一起。

色仁的生意经强巴林寺（图片来源：中国西藏网）

看到我们惊讶的表情，色仁摸摸自己的后脑勺，腼腆地说起了自己的故事：12岁进入甘丹寺，14岁走进殿堂学习经文，22岁考取了格西学位。原本在佛学上有着深厚造诣的他，因家中缺少劳动力，27岁时就还俗回到家乡，挑起家庭重担，和村里的其他年轻人一样，开始外出打工。

"刚开始，我也不知道做什么好，到处打工，什么零散活都做，时间长了，就开始慢慢地看别人是怎么做生意的。"聪明的色仁边看边学，甚至利用网络寻找发家致富的办法。几年的光景，通过做砂石和药材生意，日子越来越红火。

色仁并没有为此感到自豪，脸上永远挂着谦卑的笑容，"都是国家政策好呀，这些年在村委会和驻村工作队的帮助下，我才学到了一些'生意经'"。去年，色仁充分利用国家扶持政策，不到一年的时间就赚了9万元，成了村里小有名气的致富带头人。他还利用独到的眼光，经营服装生意。色仁从市场上买回各色布匹，一件件具有工布特色的服装就会从色仁魔法般的手中"诞生"，许多村民慕名前来向色仁定做服装。

自治区创先争优强基惠民活动驻唐地村工作队（林芝县人民检察院派驻）队长扎西旺堆向我们介绍："色仁平时一直很低调，自己富裕起来了，也没有忘记帮助其他人，他把从山上采集的药材都送给了更需要靠它来赚钱的村民，还带着村里家境比较贫困的人和他一起做砂石生意。"

已经还俗数年的色仁，闲暇时也会写写诗歌和歌词。现在市场上流行的许多藏语歌曲的词作者，就是面前这个羞涩的色仁。"他创作出来的作品从不署名，在歌曲流行起来被人们广为传唱的时候，他只是私下听听歌词哪里还不够完美，下次创作的时候再改善改善。"扎西旺堆一脸崇拜地说。

三、编辑视点：宗教与现代生活的融合与促进

众所周知，解放前西藏地区基本全民信教，以藏传佛教为主的宗教势力通过"政教合一"的封建农奴体制控制着整个西藏的政治、经济、文化、教育等各个方面。民主改革后，封建农奴制根本废除，广大农奴翻身成为社会的主人。但是，由于藏传佛教已在西藏流传了近1400年，其影响已经广泛、深刻地渗透到普通大众的风俗习惯、思维方式等方方面面，但随着时代的发展，西藏的宗教和宗教生活也在悄悄地发生着深刻的变化。随着经济社会不断发展，藏族群众的生活条件日益改善，宗教文化细节在现代化生活背景下同样得到良好传承。

主要有以下几个方面：

——宗教活动得到尊重和保护。藏族和其他各少数民族都按照自己的宗教传统过宗教生活，进行社会宗教活动。在西藏自治区，各大宗教的各种传统节庆活动正常进行，大型宗教活动如转神山神湖活动、萨噶达瓦节、展佛节、跳神节、朝觐等40多种群众性重大宗教节庆活动得以保护和继承。信教群众家中几乎都设有小经堂或佛龛。每年到拉萨朝佛敬香的信教群众达百万人次。在西藏到处可以看到善男信女悬挂的经幡，以及堆积的刻有佛教经文的嘛呢堆。各大寺院内常年挤满了磕长头、转经、朝佛的信教群众。西藏信教群众享受开展正常宗教活动的充分自由。为满足不同信教群众的宗教需求，目前

西藏还有清真寺4座，天主教堂1座。这些宗教也依法得到了尊重和保护，依法依规开展正常宗教活动，与其他宗教平等和谐相处。

——藏传佛教文化得到尊重和保护。中央和西藏自治区政府始终把藏传佛教文化作为中华民族传统文化的重要组成部分，一直以来给予有效保护，不断加强对宗教典籍的收集、整理、出版和研究工作。中央政府支持4000多万元，组织上百名藏文专家，历时20余年，完成了对藏文大藏经《甘珠尔》《丹珠尔》的校勘出版。20世纪90年代以来，藏文《中华大藏经·丹珠尔》（对勘本）《藏汉对照西藏大藏经总目录》《因明七论庄严华释》《慈氏五论》《释量论解说·雪域庄严》等陆续整理出版。已经印出《甘珠尔》大藏经达1490多部，还印出大量藏传佛教的仪轨、传记、论著等经典的单行本，供给寺庙，满足僧尼和信教群众的学修需求。宗教研究机构、高僧、学者的有关佛教专著，如《贝叶经的整理、研究》《西藏拉萨现存梵文贝叶经的整理》《西藏宗教源流与教派研究》《活佛转世制度》《郭扎佛教史》《西藏苯教寺庙志》《中国藏传佛教寺庙》《西藏佛教寺院壁画艺术》等，都正式出版发行。

——寺庙得到维修和保护。20世纪80年代以来，国家每年都拨专项资金和黄金、白银等用于寺庙的维修、修复和保护。20世纪80年代以来，中央政府累计投入14亿多元对西藏文物和重点寺庙进行了大规模维修。国家资助专款670万元、黄金111公斤、白银2000多公斤及大量珠宝，修复了五世至九世班禅灵塔祀殿。为修建十世班禅灵塔祀殿，国家一次就拨专款6620万元、黄金650公斤。1994年，国家又拨款2000万元，继续修复甘丹寺。从1995年开始，中央财政通过国家重点文物保护专项资金，对西藏布达拉宫、罗布林卡、萨迦寺等列入国家重点文物保护单位名单的寺庙维修与保护予以积极支持。

——活佛转世有序进行。活佛转世制度作为西藏宗教特有的信仰和传承方式，得到国家和西藏自治区各级政府的尊重，国家制定出台了《藏传佛教活佛转世管理办法》。1995年，西藏自治区按照宗教仪轨和历史定制，经过金瓶掣签，报国务院批准，完成了第十世班禅大师转世灵童的寻访、认定以及第十一世班禅的册立和坐床。据最新统计，西藏现有活佛358名，其中60多位新转世活佛按历史定制和宗教仪轨得到认定。

——藏传佛教僧人学经制度不断完善。自治区制定出台《办好西藏佛学院分院的意见》《西藏佛学院学衔授予办法（试行）》，在北京和拉萨分别建有中国藏语系高级佛学院和西藏佛学院，作为藏传佛教高级宗教人才培养基地，系统招收培养藏传佛教教职人员。西藏60多座各教派寺庙开办有寺庙自办的学经班，完全按照传统习惯进行宗教学修和学位学衔的考核晋升。2005年开始，每年在北京中国藏语系高级佛学院举行藏传佛教"拓然巴"高级学衔考试和授予仪式，在大昭寺和拉萨三大寺进行格西"拉让巴"学位考试。截至目前，已有84名学经僧人获得了格西"拉让巴"学位，46名僧人获得了中国藏语系高级佛学院"拓然巴"高级学衔。

准备考试的僧人（图片来源：中国西藏网）

目前，西藏有各类宗教活动场所1787处，住寺僧尼4.6万多人。西藏自治区和7个地市均设有佛教协会，如今的僧人仍旧维持着以前的生活状态：守持戒律，刻苦学经。但对比西藏政教合一时期寺庙和僧人所享有的特权和殊荣，现在入寺为僧已成了一个相对"冷门"的选择，正如萨迦寺高级经师桑格桑布所言："现在，人们都可以比较自由的规划和安排自己的人生，可以在方方面面实现人生理想,追求财富、追求名誉、取得一定的社会地位,现在这些都是可以做到的。但是出家为僧学佛却跟这些不一样,它是一条息止欲望,放弃世俗追求的道路。"西藏寺庙里那些对社会生活保持关切的僧人们都在尝试重新定位宗教的社会作用,试图通过自己的观察和批判性的思考,让自己对当前社会发展更加有益。

四、背景知识:藏传佛教与社会主义相适应是历史的进步

从13世纪中叶西藏封建农奴制全面确立到20世纪中叶(1959年)被推翻,藏传佛教在中央政权的扶植和西藏封建农奴主阶级的支持下,政治上取得了对西藏地区的统治权,经济上形成了强大的寺院经济,在思想文化方面形成了独具特色的藏传佛教文化,出现了后来学者们所认为的"政教合一"制度,它的独特之处在于它主要由僧侣主持管理一切政教事务,达赖、班禅不仅在其宗教上是最高领袖,在政治上也是最高领袖,其佛教教义、戒律以及寺庙规章都具有法律效力,以至于原西藏地方政府的一切决议,没有拉萨三大寺代表的同意就难以生效。

正如有学者指出,表面上看,西藏的世俗贵族集团在西藏政治权力格局中几乎垄断了西藏所有的世俗职位,但是在西藏这一政教合一的政治体制下,世俗贵族相对于僧侣集团来说,仍处于从属或者附庸的地位。僧侣集团中的转世活佛、高级僧职和政府中的僧官构成了所谓的"上层僧侣"的阶层,成为西藏核心权力的掌握者。

从历史来看,西藏政教合一制度始于元代,1269年,元世祖忽必烈册封萨迦派主持八思巴为"帝师",将西藏13万户的政教大权赐予他,西藏政教合一制度开始萌生。1354年,由朗氏家族主持的帕主噶举派从萨迦派法王手中夺回掌管西藏地方政教的大权,在西藏建立新的政教合一制度,即帕主第悉政权,得到明朝中央政府的册封。帕主第悉政权建立之后,便颁布了《法典十五条》等一系列法规,设立宗本制度,使西藏政教合一制度得以进一步

加强。宗喀巴去世后,他的几个重要门徒以拉萨为中心,分赴各地传教,使格鲁派迅速传播开来,从而形成了一个全藏性的、政治经济实力大大雄厚于其他教派的寺庙集团。1642年,格鲁派又夺取西藏政教大权,在哲蚌寺建立噶丹颇章政权;1653年,五世达赖受到清朝政府的册封。1721年,清朝政府将西藏地方政权中总揽大权的第悉职位撤销,初设噶伦职位,后又封立郡王制;1750年,清朝政府废除郡王制,正式授权七世达赖,建立噶厦政府,由达赖喇嘛亲自领导噶厦政府,管理西藏的一切事务,西藏的政教合一制度步入巅峰。它在政治、经济、文化、教育和日常生活中处处都体现出它的巨大影响。

有学者指出,将宗教与政治高度结合而成为一项制度,藏传佛教是整个佛教文化圈仅有的一例。藏传佛教政教合一制度是建立在它所控制的寺院经济基础之上的,即政治制度、宗教制度、经济制度的"三位一体"。黄教(格鲁派)寺庙集团的形成,与它大规模地聚积财富,经济实力日益增长有直接关系。黄教(格鲁派)禁止娶妻生子,严格区分僧俗界限,所以寺庙经济也要自身直接经营,改变了以前诸教派在经济上同世俗领主紧密结合的状况,取得了寺院经济的完全独立。此外,它不单纯地归属于某一个地方势力,而是为各个地方势力敞开大门,任何封建主均可做它的施主,这就使它可能免于地方政治变化引起的动荡,使它的独立经济得到相对稳定的发展。这样,格鲁派寺院很快遍布藏区,并形成母子联寺制,以甘丹、哲蚌、色拉、扎什伦布四大寺为主寺,散布在全藏的其他大小黄教寺庙为属寺,建立起层层的隶属关系,联结成一个比较严密的整体。母子寺经济上各有自己的寺属农奴、庄园之间虽有一定的联系,但又相对独立;在行政上,子寺的堪布等要职,均需由母寺派出的僧官担任,或由母寺派出常驻代表掌权,组成了一个集中统一的、全藏性的教团体系。寺庙内部有严密的组织制度和寺庙法规,使其统一集中的团体体系得以维系和发展。寺庙法规中最重要的一项是采取活佛转世制度。它在保持自身的巩固和稳定的同时,解决宗教法统和寺产的继承问题,进一步巩固和发展了寺庙的政治实力与经济实力。这就催生了以活佛为核心的、享有至高无上特权的僧侣贵族集团,僧侣的来源包括贵族和平民,因此成为社会阶层流动的管道,也具备了阶级调和的功能。

这种制度的积极作用是结束了西藏的分裂割据、维系和稳定了西藏乃至国家的统一。西藏原有多个地方势力各统治一域,直到萨迦派同蒙古政权结合建立起政教合一制度之时,才结束了西藏的分裂状态,基本上统一了全藏。此后尽管又有各大军事力量的角逐,但最终还是统一在格鲁派的政教合一政权之下。此后,无论是清朝,还是后来的民国政府,都是通过承认达赖、班禅在西藏的特殊地位和权力,用其特殊的政治体制而间接地控制了西藏,保持中央政府对西藏的控制。

但另一方面,这一制度存在着严重的弊端。首先,宗教上层和寺庙势力庞大,他们既是西藏的主要政治统治者,也是最大的农奴主之一,拥有众多的政治特权和经济特权,支配着人们的物质生活和精神生活。宗教势力在政教合一制度下得到恶性膨胀,消耗了西藏大量人力资源和绝大部分物质财富,禁锢着人们的思想,成为妨碍生产力发展的沉重枷锁。其次,西藏的政教合一制度把封建农奴制推向极致,在残酷黑暗的社会制度被披上一层神圣的外衣之后,人为的社会等级变成超自然的命中注定,使得贵族农奴主对农奴的剥削压榨变成神祇的支配,强化和延缓了西藏封建农奴制社会的生命力或寿命。到20世纪中叶,政教合一的封建农奴制度在西藏已经走到了尽头。1959年中央政府在平叛的同时在西藏推行民主改革,废除了西藏政教合一制度,百万农奴获得了自由。西藏政教的分离,不仅解放了藏族地区的社会生产力,而且体现了真正意义上的宗教信仰自由。

我国一贯坚持宗教信仰自由政策,但宗教不能干预政治,尤其对于西藏这些存在着宗教政治影响较大的地区,更应该坚持政治管理和宗教信仰分离的原则。2004年,我国制定颁布了第一部关于宗教事务的综合性行政法规《宗教事务条例》。宗教作为信仰,是个人的私事,任何人不得加以干涉,但宗教活动、宗教团体及宗教组织的有关活动涉及社会生活的许多方面,必须在国家法律许可的范围内进行。因此,我们依法管理的是宗教事务,不是宗教,不是宗教信仰。这就要求我们应加快宗教立法,明确各级政府的管理责任和范围,切实保障人民群众正常的宗教活动不受干扰,打击非法宗教活动。另外,要发动藏传佛教界代表人士和藏学界对藏传佛教教义、教规作出符合时代进步和社会和谐要求的阐释,规范寺庙与群众、寺庙与当地政府的关系和行为,积极引导藏传佛教与社会主义相适应。

在西藏，很多藏族同胞表示信奉宗教只是一种传统习惯和生活方式，并无任何政治色彩和利益因素。但上千座藏传佛教寺庙作为西藏宗教文化的集成载体，寺庙所特有的历史因素和现实背景，使其成为很多影响社会稳定因素的平台和发生地。一方面，在政教合一的传统西藏管理时期，寺庙既是修行场所，也是政治活动中心，在长期的政治活动中，积累了深厚的政治因素和情感。政教合一体制解体以后，这种政治活动场所承载的历史因素并没有随之付诸历史，而在新时期成为某些有着政治企图的人士活动的主要平台。另一方面，藏传佛教寺庙集团从藏区社会的统治者变为藏区社会的一个普通成员和参与者，从享有特权的剥削者和绝大部分生产资料的占有者变为靠布施和自养事业为主的一般经济实体，这是一个历史性的改变。这种转变需要给寺庙集团一个认识、磨合、接受并自觉适应的过程。在这个转变过程中藏传佛教寺庙管理必然经历从无序到有序、从无规则到有规则、从人治到法治的过程，这也是藏传佛教寺庙管理发展的必经之路。加强寺庙规范化管理，积极引导宗教与社会主义社会相适应，既是寺庙自身发展的必然选择，也是时代发展对寺庙管理的必然要求。党和政府依法加强对宗教事务的管理，引导藏传佛教与现代文明和现代不断融合，藏传佛教也在这种与现代文明的融合中迎来新生，焕发出新的生机和活力。

后　记

　　关于西藏，国内外去和没去过的人，都会有自己的"印象"、"记忆"。近年来，西藏主题的图书、影视片层出不穷，关于西藏的新闻也是国内外新闻界少有能够经常交集的涉华热点话题，几乎每一个到过西藏的人都会有或多或少的"西藏情结"。不同国家的人对西藏的认知不同，不同职业的人对西藏的感受也不同。但总体上，国外有的人视之为"香格里拉"，赋予其神秘性和特殊性。西藏，是个充满魅力的地方，是个永远产生故事的地方，也是个很多人愿意津津乐道的地方。

　　本丛书是在荣获第十九届中国电视纪录片最佳单项奖之一的"年度收藏作品"奖《讲述西藏》的基础上改编而成的。本丛书源于同名纪录片，又不同于该纪录片。创意者力图探索一条影视片图书化的道路，同时希望藉此进行有关传统媒体与新媒体融合的尝试。本丛书集中一个个国内外关注的热点话题，将涵盖纪录片中所涉及的西藏经济、政治、文化、社会、生态、教育、民生、宗教等多个领域；每一个话题均有纪录片的写实，有纪录片的经典画面，也有相关主题的精彩图片和多个访谈；同时，每一章节专门为读者撰写了相关主题的背景、常识介绍。这将是对真实、发展、变化中的西藏一次全景、多元、多彩的介绍。本丛书的作者都是中国西藏网的一线青年记者编辑，他们有良好的国内外求学知识背景，思维活跃，有强烈的创新性，长期活跃在国内涉藏报道和采编的一线，文字中透溢着鲜活的生命和澎湃的热情，她们把每一件事、每一个地方、每一个人、每一件物品等反映西藏真实面貌的一个个细小、浓缩的侧面汇聚起来，从各个方面、不同角度诠释着西藏的变化，书中所讲述的僧人、农奴、手工艺传承者、藏族空乘、街舞爱好者、普通农牧都是来自她们一线的真实采访经历。

　　本丛书的编写工作得到了中央统战部领导的大力支持，张裔炯同志、陈喜庆同志、斯塔同志给予了指导，中央统战部七局有关同志对书稿进行了审读，王丕君同志负责本丛书的策划和统筹，张晓明同志对全部书稿进行了统稿并

对书稿认真阅改，孙良刚同志、李红强同志对书稿提出了宝贵意见。

参加本丛书的编写人员如下：《讲述西藏：宗教的故事》由马恺、闫洁、郭明慧编写；《讲述西藏：发展的故事》由王梦璐、吴建颖、范登科编写；《讲述西藏：传承的故事》由冯登宁、张敏、翟新颖编写。

本丛书的不足之处，欢迎读者批评指正。

编　者

2016年2月3日